給食無償化

子どもの食格差とセーフティーネットの構築

鳫 咲子
GAN Sakiko

明石書店

目次

図表一覧

第5章

第6章

■図表一覧■

はじめに

新型コロナウイルス感染症対策として行われた学校の臨時休業によって、学校給食の意義が改めて注目された。コロナ危機後、物価高騰の中で、子どもの食の格差が拡大している。この格差を小さくする役割が学校給食にはある。給食無償化には、すべての子どもが給食費を気にせずに、安心して給食を食べられるというメリットがある。

文部科学省は、２０２４年12月の「『給食無償化』に関する課題の整理について」で、1)児童生徒間の公平性、2)格差是正策としての妥当性、3)国と地方の役割分担、4)効果的な少子化対策の４点の課題を示した。

1)児童生徒間の公平性では、給食を食べていない公立中学生が約25万人いるという問題等が挙げられている。このような中学生の状況は、本書第９章で詳しく取り上げる。

今から70年前の１９５４年に学校給食法は制定された。法律の根拠がなかった戦前にも、学校に弁当を持参できない子ども、すなわち欠食児童の貧困救済策として、さらに子ども一般にも栄養改善の見地から学校給食が行われた。関東大震災後、世界恐慌期をはじめ、災害・戦争など子どもの食の危機を乗り越えるために学校給食は発展してきた。戦前は財源不足により貧困の子どもだけを選別して給食を行った時期もあったが、あからさまな貧困救済として給食を食べる子どもを傷つけないようにすることが重視され、今日のような全員が食べる普遍的な給食が、まず小学校から定着し、中学校は後回しになったという歴史的経緯もある。

憲法に「義務教育は無償である」と書いてあるのにもかかわらず、1年間に小学生で約12万円、中学生で約19万円もかかる。学習塾などの費用を含まない学校に通うためにかかる費用である（文部科学省「令和5年度子供の学習費調査」）。そのうち5万円以上が学校給食の食材費など保護者負担分である。戦後、GHQの支援による学校給食が終了し、給食費の保護者負担が必要となった当時から、給食費未納の問題は生じていた。

就学援助制度は、経済的理由で学校給食費や学用品費の負担が困難な保護者も、子どもに教育を受けさせる義務を果たすことができるよう、市町村によって運営されてきた。2022年度時点で、全国で約126万人が利用している。しかし、就学援助制度は市町村独自の基準と方法で行われているため、大きな市町村格差が存在する。

文部科学省の論点2)格差是正策としての妥当性、3)国と地方の役割分担は、この就学援助制度にかかわる。1)児童生徒間の公平性の課題では、県別の給食費の金額に1・4倍の開きがあることが問題とされている。しかし、就学援助率の地域格差は3倍を超え（後掲図表5-5）、就学援助の公平性の問題の方がより深刻である。

海外にも、我が国の就学援助に類似した困窮家庭を対象とした給食費支援制度は存在する。その中で、隣国韓国では、2000年代後半からほとんどの自治体が、支援を申請することのスティグマ（恥辱感）に配慮し、困窮家庭への給食費支援という所得を基準とする選別的福祉から、全員を対象とする給食無償化という普遍的福祉へと大きく転換した。各自治体の首長・教育長選挙の争点となり、韓国全土に給食無償化が広がった。韓国では、既に高校生にも学校給食が実施されているが、２０２１年度にはソウル、釜山などで高校生の給食も無償化されている。また、制服の無償化も始まり、ソウル市では２０２１年度から高校新入生全員に「入学準備金」30万ウォン（約3万円）を支給している。

我が国においても、子どもが教育を受けるために必要なものを直接子どもに確実に届けること、教育の場で子ども同士を「支援を受けている子ども」と「支援を受けていない子ども」に分断しないことが重要である。就学援助という選別的現金給付を、教育の無償化すなわち普遍的現物給付へと転換すべき時期ではないか。そのための財源も現在の就学援助のように市町村の一般財源だけに求めるのではなく、国・都道府県も負担し、全国的に実施すべきである。子どものための財政支出の優先順位を高める必要がある。

文部科学省の調査では、自治体独自の給食無償化は、約9割の自治体が保護者の経済的負担の軽減、子育て支援を目的としており、少子化対策を目的とする自治体は約1割だった。無償化が[4]効果的な少子化対策かという論点は、多くの自治体の問題意識とかけ離れている。

１９８０年代に推し進められた行政改革の中で、学校給食の合理化が求められるようになった。現在も合理化が求め続けられている学校給食は、物価高騰下で委託業者の質の確保、入札不調の発生、非正規給食調理員の低賃金が課題となっている。文部科学省（２０２４）の調査で、小中学校の給食費が過去5年で約8％、10年で12％も上昇していることが判明した。食材費高騰の中で給食の質を維持するために、給食費を値上げするか、無償化するかに、自治体の対応は二分されている。

隣国韓国では、日本より学校給食のスタートが遅れ、朝鮮戦争後１９６０年代から本格的に開始されたが、その後の発展は目覚ましく、2021年度までに直営による高校までの「親環境無償化給食」をほとんどの自治体で実施している。親環境とは、農薬や化学肥料をできるだけ使わず環境への負荷が少ないという意味である。農業予算を使っていること、高校まで給食を実施していること、無償化の費用を市区町村などの基礎自治体だけでなく、都道府県に当たる広域自治体も負担していること、調理の民間委託を見直し直営化したことが韓国の給食の特徴である。

日本でも少子化が進み、小中学生だけでは対象者が減少する。給食は食育の「生きた教材」であり、子どもの食のセーフティーネットである学校給食制度の有効活用のために、まずは高校生や学童保育（放課後児童クラブ）などにも対象を拡大することが検討されるべきである。兵庫県明石市では、中学校給食実施をきっかけにコミュニティセンターで高齢者も給食を食べることができる事業を開始している。無償化のみならず高校生などにも対象を拡大することも検討すべきである。既に給食制度がある定時制高校ではなく、全日制高校における給食の実施例として、北海道、青森県、岩手県、秋田県、茨城県、愛媛県、石川県、大分県には、市町村の学校給食センターから道県立高校に給食を届けているところがある。

2008年の学校給食法改正により、食生活が食にかかわる人々の様々な活動に支えられていることについての理解を深めることや環境の保全に寄与する態度を養うことが学校給食の目標に位置付けられた。学校給食における地場産物使用の拡大も食育政策の目標となっている。少子化時代の学校給食の可能性として、小中学校にとどまらない給食施設の活用についても考えたい。

本書では、学校給食の歴史と現状を踏まえつつ、無償化の課題とこれからの学校給食のあり方について考える。

第1章

コロナ禍で進んだ給食無償化

2020年3月、新型コロナウイルスの感染症対策のため、学校の臨時休業が急きょ要請され、学校給食がなくなった[1]。小中学校の給食用食材の代わりの販路についても話題となり[2]、給食食材を活用しつつ、学童クラブに通う子どもたちなどに昼食提供を行う試みも複数の自治体で行われた[3]。子どもが毎日自宅で過ごすこととなった家庭では、栄養バランスの取れた昼食を用意し続けられるか不安の声も挙がった。このように、臨時休業という事態において、学校が教育の場だけではなく、子どもに昼食を提供するという大きな役割を担っていたことが再認識された。

新型コロナウイルス感染症対策として、不要不急の外出自粛要請や首都圏などを対象に緊急事態宣言が出され、経済活動も大きく落ち込み、2008年のリーマン・ショックを超える影響が懸念された。大阪市では、2021年度から予定していた給食無償化を、新型コロナウイルスの感染拡大に対する経済対策として、子育て世帯を支援するため1年前倒して実施することになった[4]。

格差は、災害をはじめとする非常時に、より深刻に現れる。コロナによる休校下において、学校給食には子どもの食格差を小さくする機能があったことが浮かび上がった。コロナ禍・災害などの状況下では、学校が給食を提供できない、家庭が給食費を払えないという状況も生じ、コロナの影響の長期化に伴い子どもの生活の格差も拡大する。

コロナ不況以前、東日本の大震災のあった2011年度には、公立小中学生の16%が就学援助制度や生活保護制度により学校給食費の支援を受けていた。2008年のリーマン・ショック以降、就学援助による支援を受ける小中学生の割合は増加したが、生活保護制度と比べて一般に知られておらず、支援が必要な家庭が制度を使えていない場合がある。また、就学援助のように対象者を選別する支援は、予算の制約を受けやすく、制度の周知も難しく、支援を受ける人に引け目を感じさせるスティグマ（負のレッテル）の問題がある。「周囲の目が気になる」というスティグマの存在は、就学援助制度が申請による給付であるという制度の限界である。

コロナ禍で、全家庭を対象とする子育て支援としての給食無償化の実施や給食費補助制度を設ける自治体が増えている。給食費は年間5万円を超え、子どもの学校に関する出費のうち相当な割合を占めている。給食費の無償化が広く検討されるべきである。学校給食の無償化は、選別主義による就学援助による支援を、普遍的な現物給付に転換する効果がある。

1　学校の臨時休業時の昼食提供

本章では、コロナ禍など非常時において子どもの間の格差を小さくし、子どもの生活を守る方策について考えたい。2020年3月、新型コロナウイルスの感染症対策のため、学校の臨時休業が急きょ要請され、学校給食もなくなった。まず、小中学校の給食用食材の使い道が問題となった。給食用だった食材を活用して、学童保育（放課後児童クラブ）[5]に通う子どもなど希望者に昼食提供を行う試みが千葉県南房総市、神奈川県海老名市、大阪府岸和田市、和歌山県太地町、鳥取県琴浦町、高知県黒潮町など複数の自治体で行われた[6]。

学童保育に給食を配食した自治体の一つである埼玉県越谷市では、2006年から夏休みにも学童保育に給食センターから配食して夏季給食を実施している[7]。このノウハウを活かして、コロナ対策で休校となって学童保育などへ通う小学生に3月後半に主食の提供を行った。東京都世田谷区でも2019年から開始した経済的に困窮する家庭などへの弁当配達事業を拡充して、学校休業期の弁当配達事業を行った。このように普段の経験の蓄積が、非常時に自治体が直ぐに何かできるかに役立つ。国際NGO「セーブ・ザ・チルドレン」が2020年3月に日本全国の子どもを対象に行ったアンケートでも「困っていること・心配なこと・気になっていること」として、「給食がない」「お昼ごはんどうするか」「お腹がすいている」が挙げられた。「食料を無料で、配ってほしい」という子どもからの要望もあった[8]。「セーブ・ザ・チルドレン・ジャパン」が食料を支援した東京23区内のひとり親家庭を対象に同年5月に行ったアンケートでは、支援を受けた理由として、「給食が無く食費が増えた」「十分な量の食料を買うお金がない」という回答が多かった(図表1-1)[9]。

シングルマザーを支援する当事者団体「しんぐるまざあず・ふぉーらむ」が4月に支援した全国のひとり親家庭に行ったアンケート調査では、収入が減り昼食代など食費の支出が増えた状況下で、お粥にするなどの調理や食材の工夫、食事の質を落とすこと、食事の回数と量を減らすこと、フードバンクを利用することなどで食費を節約していることが明らかになった(図表1-2)[10]。

市民団体「『なくそう! 子どもの貧困』全国ネットワーク」は、学校給食が1日の主な栄養源である可能性のある家庭の子どもに対して、休校中も給食の提供を検討するなど、子どもの食を公的に保障することを求める要望書を総理大臣・関係大臣に提出した[11]。

格差は、コロナ禍という非常時に、より大きく深刻なものとなる。臨時休業という非常事態は学校給食が子どもの食のセーフティーネットとなっている事実を明らかにしたのである。

図表 1-1　新型コロナウイルス感染症対応・ひとり親家庭応援ボックス申込理由（複数回答）

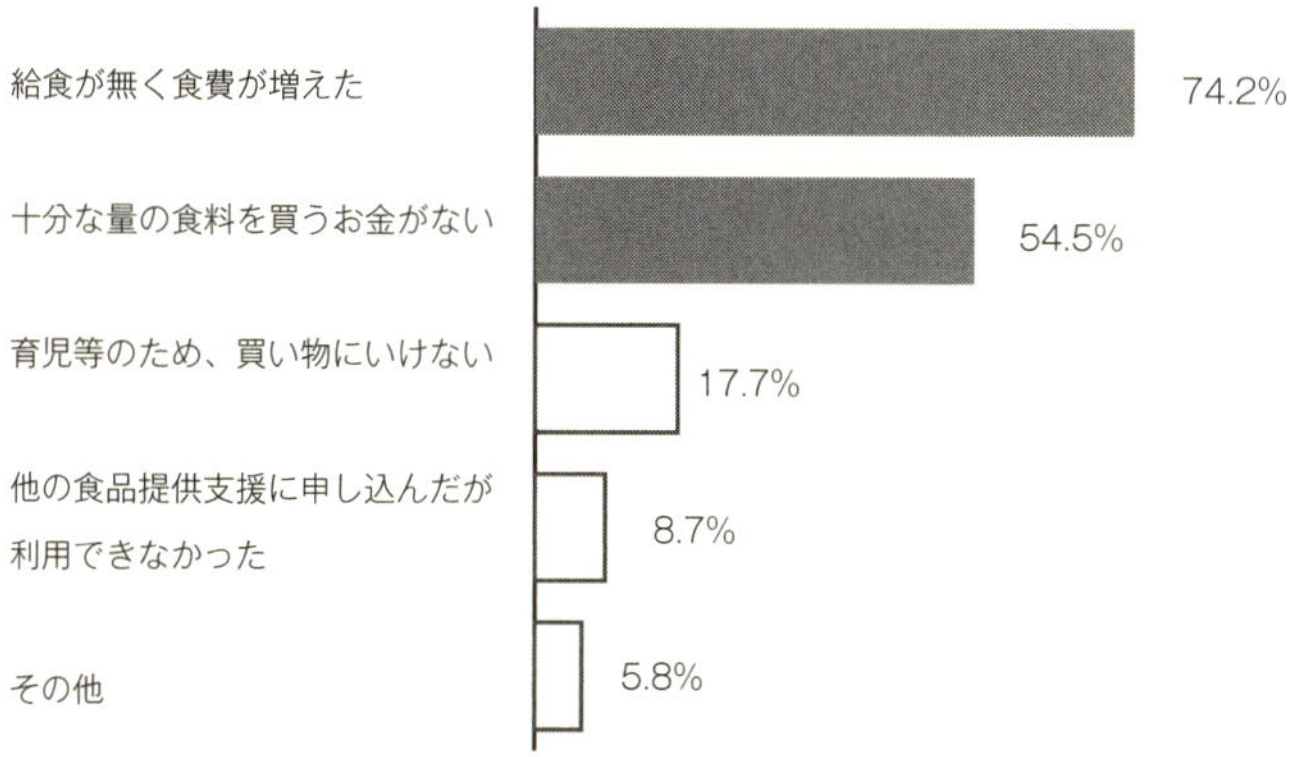

（注）東京23区内310世帯の回答である。
（出所）セーブ・ザ・チルドレン・ジャパン（2020）「ひとり親家庭応援ボックス申込結果」。

図表 1-2　節約のための工夫（複数回答）（単位：人）

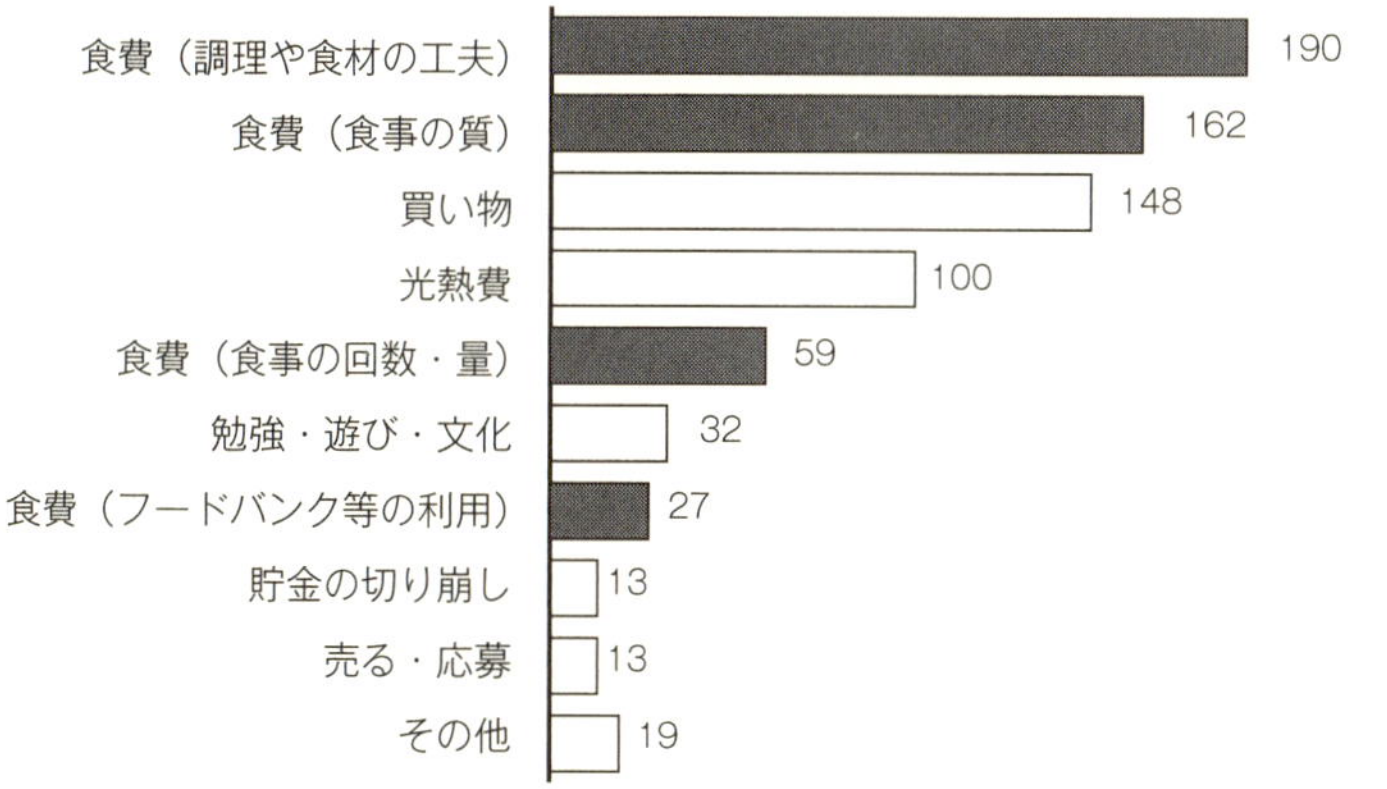

（注）回答者数901人。
（出所）しんぐるまざあず・ふぉーらむ（2020）「ひとり親家庭への新型コロナウィルス（COVID-19）の影響に関する調査」。

2　就学援助制度の活用

子どもの食格差を埋めるために学校給食が大きな役割を果たす一方で、学校給食では給食費が徴収され、その未納が問題とされることも多い。[12] 給食提供に必要な費用のうち人件費、設備費などは、学校給食法に基づき既に公費で賄われているが、食材費相当が保護者負担の給食費として徴収されている。2020年4月以降、首都圏などを対象に2回の緊急事態宣言が出され、経済活動も大きく落ち込み、2008年のリーマン・ショックを超える影響となった。リーマン・ショック時には、給食費などを支援する就学援助を受ける小中学生が増えた。東日本の大震災のあった2011年度には、就学援助・生活保護の支援を受ける小中学生は全国で161万人にのぼり、小中学生の16％、「約6人に1人」が支援を受けていた（後掲図表5－2）。給食費未納をきっかけに就学援助を受ける家庭もある。

就学援助への国庫補助は2005年の三位一体の改革により廃止され、一般財源化された。市町村の単独事業となったため、実施率・制度の周知状況などに自治体間の格差が大きい。東日本大震災など被災地の小中学生の支援にも就学援助が活用されている。大規模災害時の就学援助では、東日本大震災は10／10（全額国費）、熊本地震、能登半島地震は2／3の補助率で国費が支出された。東日本大震災の被災3県では、補助率10／10の国からの支援を受けることにより全国平均程度の支援が行われた（後掲図表5－11）。[13]

また、学校給食が実施されていれば、就学援助により給食費相当分の支援を受けられた小中学生への学校休業時の昼食代の支援は当然に必要である。この観点から、新型コロナ対策として休校期間に就学援助対象者への昼食費の現金支給を決めた自治体には、東京都豊島区、文京区[14]、奈良県奈良市[15]、兵庫県南あわじ市がある[16]。例えば、豊島区では、休校となった区立小中学校等の就学援助対象者に対して、昼食費用一律７５００円（５００円×15日分）を緊急支援した。しかし、これらの支援が行われたのは一部の市区町村にとどまり、１で述べたように困窮する家庭も少なくなかった。休校期間に就学援助対象者への昼食代支援を漏れなく行うには、市区町村などの基礎自治体だけでは支援の格差が生じ、情報提供を含めた国の支援が欠かせない。

３　コロナ禍の就学援助制度の課題

就学援助による支援には、２で述べたように自治体間の実施状況の格差が大きいという問題がある。２０１９年に公表された静岡県の調査では、「貧困層に相当する世帯」[17]でも、就学援助を利用している世帯は37・5％にとどまり、58・3％は利用していない（図表1−3）。静岡県は、２０２３年度時点においても就学援助率が全国２番目に低く8・2％と、全国平均13・7％と比べて、かなり低い水準である（後掲図表5−5）[18]。就学援助は、生活保護の基準額を少し超える所得の小中学生のいる世帯が対象であり、市町村に申請することなどによって認められる。1・3倍程度の基準を設定している自治体が多いが、1・0倍から1・5倍超まで自治体によって格差がある。

静岡県の調査で「貧困層に相当する世帯」が利用していない理由は、「必要なかったため申請しなかっ

図表 1-3　就学援助の利用（静岡県）

貧困層に相当する世帯でも 58.3%は利用していない

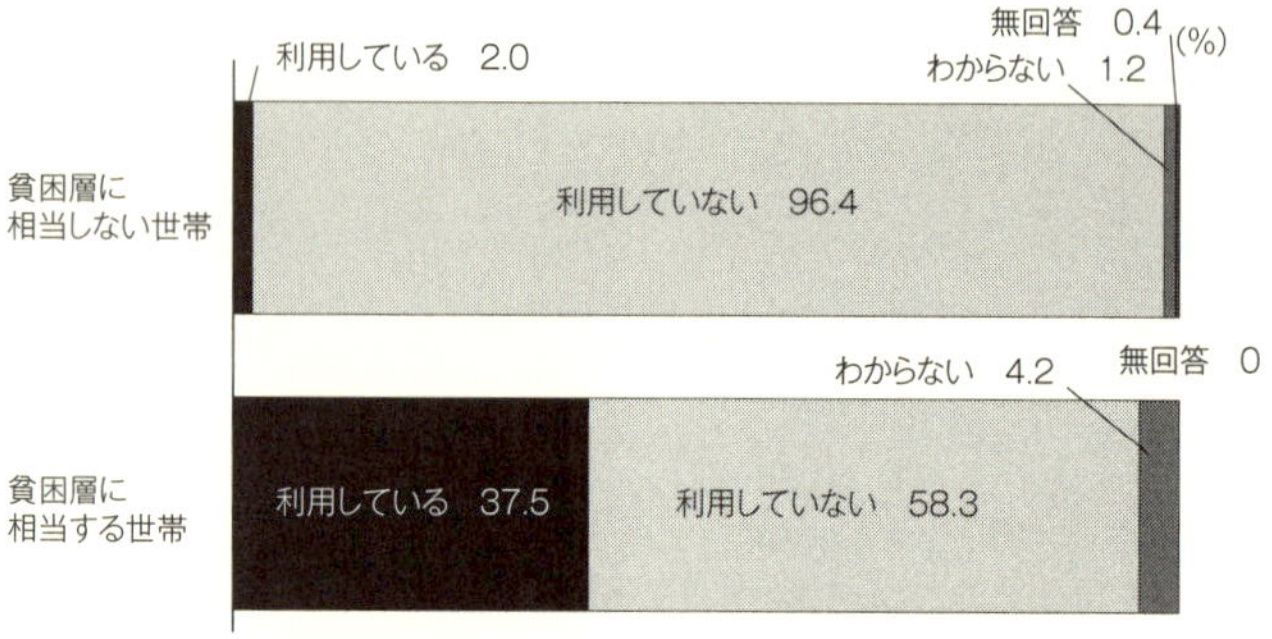

（出所）静岡県（2019）「子どもの生活アンケート調査報告書」。

図表 1-4　就学援助を利用していない理由（静岡県）

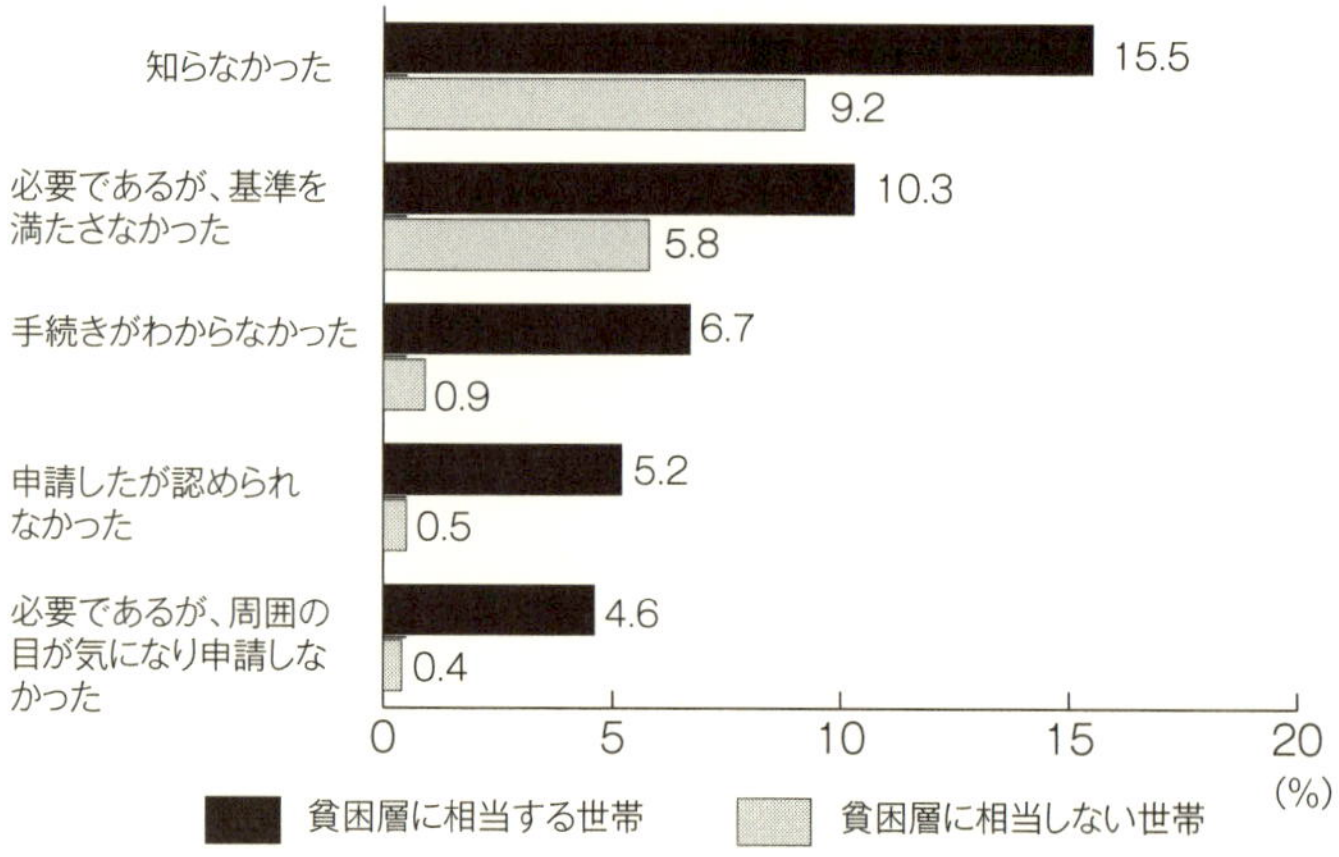

（注）「必要なかったため申請しなかった」（貧困層52.6 %,非貧困層78.3 %）および「無回答」を除く。
（出所）静岡県（2019）「子どもの生活アンケート調査報告書」。

た」52・6％が最も多いが、それ以外では、「知らなかった」15・5％、「必要であるが、基準を満たさなかった」10・3％が多い（図表1-4）。「手続きがわからなかった」6・7％、「申請したが認められなかった」5・2％、「必要であるが、周囲の目が気になり申請しなかった」4・6％という回答もある。「知らなかった」「手続きがわからなかった」「必要であるが、周囲の目が気になり申請しなかった」という回答は、全員に自動的に適用される制度ではなく申請を前提とする制度であるために生じた問題である。経済的な困難を抱えると日々の暮らしに余裕がなく、必要な制度の情報にアクセスしにくい状況となる。これらの問題を解決するためには、制度の一層の周知、支援予算の確保、スクールソーシャルワーカーなど受給を支援する人材の配置などが考えられる。

就学援助のように対象者を選別する支援は、予算の制約を受けやすく、制度の周知も難しく、支援を受ける人に「周囲の目が気になる」という引け目を感じさせるスティグマ（負のレッテル）の問題がある。スティグマの存在には、就学援助制度が申請による給付であるという制度の限界が関係している。また、「必要なかったため申請しなかった」という回答の多さも、スティグマを避けたいという動機が背景にあるのではないか。

近年、教育・福祉の分野でソーシャル・キャピタルの重要性が認識されつつある[19]。ソーシャル・キャピタルは、人々の協調行動を活発にすることによって社会の効率性を高めることのできる、「信頼」「規範」「ネットワーク」といった社会組織の特徴であり[20]、物的資本や人的資本などと区別されて社会関係資本とも呼ばれる。地域における政策展開において、このソーシャル・キャピタルへの配慮という視点の重要性が指摘されて久しい[21]。

自治体の子どもの貧困調査などから、生活保護・就学援助などの対象家庭は、経済力などの物的資本だけでなく、人とのつながりなどのソーシャル・キャピタル（社会関係資本）が乏しい状況にあることが窺える[22]。生活保護・就学援助などの対象者を限定する選別主義による支援は、ソーシャル・キャピタルに配慮して行えるかが課題となろう。

4　コロナ禍の給食無償化

大阪市では、新型コロナウイルスの感染拡大に対する経済対策として、当初２０２１年度から予定していた給食無償化を1年前倒して２０２０年度から実施することになった[23]。大阪市以外にも、コロナ禍の子育て家庭への支援として、２０２０年度の給食費を補助する自治体が増えていた[24]。

このような動きに先行して、２０１０年度以降、規模の小さな町や村を中心に、地域創生交付金などを活用して、全家庭を対象とする子育て支援としての給食費補助制度を設ける自治体が増えている。特に、規模の小さな自治体では、地域の目があり、生活保護や就学援助のような対象者を特定した支援を受けにくい事情がある。限られた家庭の支援を行う就学援助ではなく、全家庭の給食費補助制度を設けている自治体は、２０１７年度に実施された調査では全国の約3割、５０６市区町村に及んだ[25]。内訳は、小中学校とも全額補助76団体4・4％、小学校のみ全額補助4団体0・2％、中学校のみ全額補助2団体0・1％、全額ではなく一部補助４２４団体24・４％である（図表1-5）。

小中学校とも全額補助の自治体数は、２０１０年度以前は6町村だったが、２０１７年度には76

図表 1-5　給食費無償化の状況（1740 市町村）

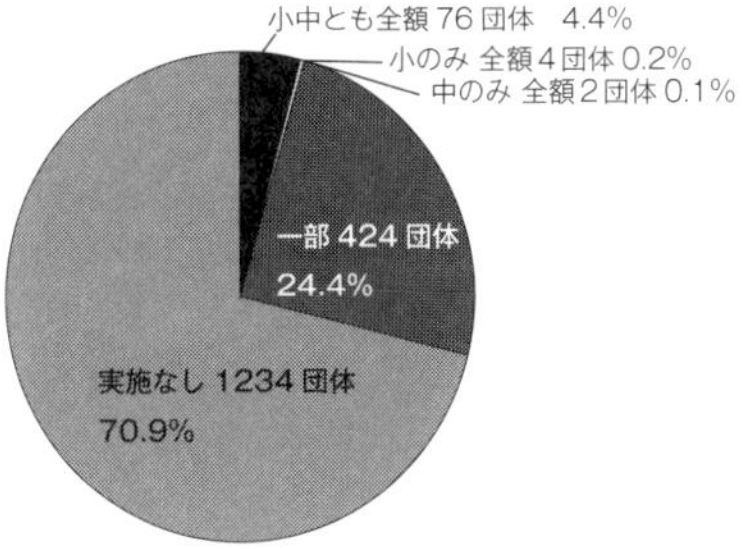

（注）各自治体の HP、新聞報道によれば、コロナ禍の 2020年度に給食費を一部又は全額無償とした市町村は 115団体に及ぶ。
（出所）文部科学省（2018）「学校給食費の無償化等の実施状況」。

市町村となり、２０２０年度までに１１３市町村に増加している（後掲図表８－４）。小中学校とも全額補助の自治体は、対象となる小中学生の人数が多くても６千人程度である。２０１７年度時点で一部補助の自治体には、３人目の子どもから無償と多子世帯に補助している東京都葛飾区のような小中学生の人数約３万人の市区町村も含まれていた。

２０１８年度から小中学校の給食費を無償とした山口県岩国市は、特定防衛施設周辺整備調整交付金を財源としている。[26] 特定防衛施設周辺整備調整交付金は、自衛隊や米軍の基地など防衛施設のある特定の市町村に国から交付され、市町村の意向を反映して施設周辺の生活環境等の整備に充てられる。[27] この交付金を活用した災害時の炊き出し機能を持つ自家発電装置付きの給食センターは他の自治体においても従来あった。岩国市で学校給食無償化に使途が拡大されたことは、給食費支援の住民ニーズが高いことを示しているといえよう。

詳しくは第８章で述べるが、コロナ禍以降は、地方創生臨時交付金やふるさと納税などの自己資金が無償化の財源となることが多かった。

給食費は、年間5万円以上と子どもの学校に関する出費のうち大きな割合を占めている[28]。多くの自治体で実施している子どもの医療費の無料化と同様に、給食費の無償化も広く検討されるべきである。２０１６年の経済財政諮問会議では、子ども・子育て世帯の支援策として給食費の無償化が提案され、年間５１２０億円が必要との試算も示された[29]。現在の就学援助による給食費支援は、所得などの支給基準が設けられ、制度の周知も不十分である。給食費の無償化は、対象者を限定する選別主義による就学援助の給食費支援を、普遍的な子育て支援策に転換し、給食を直接子どもに現物給付するという意義がある。

コロナ禍において、本章で紹介した「セーブ・ザ・チルドレン・ジャパン」、「しんぐるまざあず・ふぉーらむ」など多くの民間団体が、子どもや子育て家庭のニーズに応じて支援を行った。また、休校時に一部の自治体では、希望する子どもへの昼食提供・就学援助対象者への昼食代支援を行った。しかし、就学援助をはじめとする各種の支援の情報には、支援が必要な家庭に十分に周知することが難しいという課題が残されている。給食費無償化は、この課題を解決する一つの方法である。

【注】

1　本章は、鳫咲子（２０２１）「給食費無償化を考える―コロナ禍の就学援助と学校給食の役割―」『跡見学園女子大学マネジメント学部紀要』第32号、19～30頁をもとにしている。

2　農林水産省（２０２０）「報道発表資料『食べて応援学校給食キャンペーン』特設通販サイトの設置に

ついて」。

3　文部科学省（２０２０）「学校の臨時休業の実施状況、取組事例等について【令和２年３月19日時点】」〈https://www.mext.go.jp/content/20200323-mxt_kouhou01-000006011_8.pdf〉（２０２５年２月22日参照）には、神奈川県海老名市、鳥取県琴浦町、高知県黒潮町などの例が紹介されている。東京都新宿区は、４月半ば以降、小学生１００円、中学生１５０円の負担のみで、希望者に昼食の提供を行うことになった。また、東京都豊島区、文京区、兵庫県南あわじ市では、就学援助対象者に昼食費を現金で支給する。これらの支援には、大規模災害時の就学援助と同様に国費での支援が望まれる。

4　『朝日新聞』（２０２０年３月19日）。

5　学童保育（放課後児童クラブ）は、共働き家庭やひとり親家庭の小学生が放課後や学校の長期休みに利用する。

6　文部科学省・前掲注2、文部科学省（２０２０）「臨時休業等に伴い学校に登校できない児童生徒の食に関する指導等について」〈https://www.mext.go.jp/content/20200514-mxt_kouhou01-000004520_3.pdf〉（２０２５年２月22日参照）。

7　第11章を参照。

8　セーブ・ザ・チルドレン・ジャパン（２０２０）「２０２０年春・緊急子どもアンケート結果（速報）」。〈https://www.savechildren.or.jp/scjcms/sc_activity.php?d=3215〉（２０２５年２月22日参照）。

9　セーブ・ザ・チルドレン・ジャパン（２０２０）「ひとり親家庭応援ボックス申込結果」。〈https://www.savechildren.or.jp/scjcms/sc_activity.php?d=3279〉（２０２５年２月22日参照）。調査対象の保護者の就業状況は、「パート・アルバイト」42・３％、「正規」20・６％、「無職（求職中を含む）」20・０％、「契約・派遣」11・９％、「自営」５・２％である。

10　しんぐるまざあず・ふぉーらむ（２０２０）「新型コロナの影響—アンケートデータ結果」〈https://www.single-mama.com/topics/covid19-enq/〉（２０２5年2月22日参照）。

11　「なくそう！子どもの貧困」全国ネットワーク（２０２０）「一斉休校時の子どもの昼ごはんを市区町村（地域）で守ろう！（緊急要望書２０２０年３月12日）」〈http://end-childpoverty.jp/archives/2988〉（２０２5年2月22日参照）。

12　給食費未納の実態については、鳫咲子（２０１６）『給食費未納：子どもの貧困と食生活格差』光文社26～１０９頁を参照。

13　鳫咲子（２０１５）「被災した子どもの教育支援」青木栄一編『復旧・復興へ向かう地域と学校』東洋経済新報社、１75～１９８頁。

14　休校期間の昼食費相当額（５００円）を補助。文京区「就学援助」〈https://www.city.bunkyo.lg.jp/kyoiku/kyoiku/gakko/aid/enjyo.html〉（２０２1年3月18日参照）。

15　学校休業中の給食費を支給。奈良市（２０２０）「第18回新型コロナウイルス対策本部会議での協議（２０２０年4月6日発表）」〈https://www.city.nara.lg.jp/site/press-release/67723.html〉（２０２５年2月22日参照）。

16　『神戸新聞』（２０１９年3月11日）。

17　静岡県（２０１９）「子どもの生活アンケート調査報告書」では、国民生活基礎調査の貧困線を参考に、調査２９８７世帯の10・3％を「貧困層に相当する世帯」と設定している。

18　文部科学省（２０２５）「就学援助実施状況等調査結果」。一番低いのは、山形県の７・１％である。一番高いのは、高知県の25・5％である。

19　関連する文献として、例えば、教育分野では志水宏吉（２０１４）『「つながり」格差が学力格差を生む』

亜紀書房があり、福祉分野では　森恭子（２０１７）「ソーシャルワークにおけるソーシャル・キャピタル活用をめぐる論点」『社会福祉』第58号がある。

20 内閣府（２００３）「ソーシャル・キャピタル：豊かな人間関係と市民活動の好循環を求めて」〈https://warp.da.ndl.go.jp/info:ndljp/pid/10181274/www.npo-homepage.go.jp/toukei/2009izen-chousa/2009izen-sonota/2002social-capital〉（２０２５年２月22日参照）。

21 日本総合研究所（２００８）「日本のソーシャル・キャピタルと政策」38頁。

22 関連して、ソーシャル・キャピタルの乏しさと児童虐待のリスクに触れた文献として、木村美也子（２００８）「ソーシャル・キャピタル―公衆衛生学分野への導入と欧米における議論より」『保健医療科学』57巻３号がある。

23 大阪市（２０２０）「学校給食費の無償化について」〈https://www.city.osaka.lg.jp/hodoshiryo/kyoiku/0000498361.html〉（２０２１年３月18日参照）。

24 各自治体のＨＰ、新聞報道によれば、コロナ禍の２０２０年度に給食費を一部又は全額無償とした市町村は１１５団体に及ぶ。

25 文部科学省（２０１８）「平成29年度の『学校給食費の無償化等の実施状況』および『完全給食の実施状況』の調査結果について」。

26 竹中謙輔「米軍機容認で給食費丸抱え」『西日本新聞』（２０２１年１月４日）。

27 防衛省（２０１３）「行政事業レビュー秋のレビュー平成25年度配布資料」〈https://www.gyoukaku.go.jp/review/aki/kako/index.html〉〈https://www.cas.go.jp/jp/seisaku/gyoukaku/h25_fall/pdf/bouei(kiti).pdf〉（２０２５年２月22日参照）。

28 文部科学省（２０２４）「令和５年度学校給食費調査」。

29　内閣府（２０１６）「平成28年第３回経済財政諮問会議説明資料２」。

第2章

子どもの間の格差の現状

2021年12月に内閣府は「子供の生活状況調査の分析報告書」を公表した[1]。これは、従来の自治体毎の調査ではなく、コロナ禍における「子どもの貧困」の実態を初めて全国的に把握しようとするものであった。この調査は、世帯収入を貧困率の算出でも使われる「中央値（317・5万円）以上」（一般層）、「中央値の2分の1（158・8万円）未満」（貧困層）、「中央値未満中央値の2分の1以上」（準貧困層）の3つに分類している（図表2-1）。子どもの貧困率を算出する国民生活基礎調査[2]と同様、この調査でもひとり親世帯の貧困層の割合が高く、その中でも母子世帯の貧困層の割合は54・4%にものぼる。

この調査では、世帯収入の水準や「ひとり親か否か」によって、子どもの学習・生活・心理面などは様々な影響を受け、「貧困層」「準貧困層」や「ひとり親世帯」では、親子ともに多くの困難に直面し、さらにコロナの影響を受けて生活が厳しくなっていることが裏付けられた。コロナの影響によって世帯収入が「減った」と回答した世帯は、一般世帯では24・0%だが、準貧困層では39・6%、貧困層では47・4%にのぼる（図表2-2）。コロナが長期化する中で、世帯収入が少ない世帯ほどコロナによる経済的な影響を受けやすく、子ども間の格差が拡大していることが明らかになった。

1　食事の状況と学校給食の意義

この調査では、世帯収入の水準による子どもの食事への影響についても明らかにしている。毎日朝食を食べている子どもは一般層では86・5%いるが、準貧困層では80・5%、貧困層では71・2%と

図表 2-1　調査対象の世帯収入

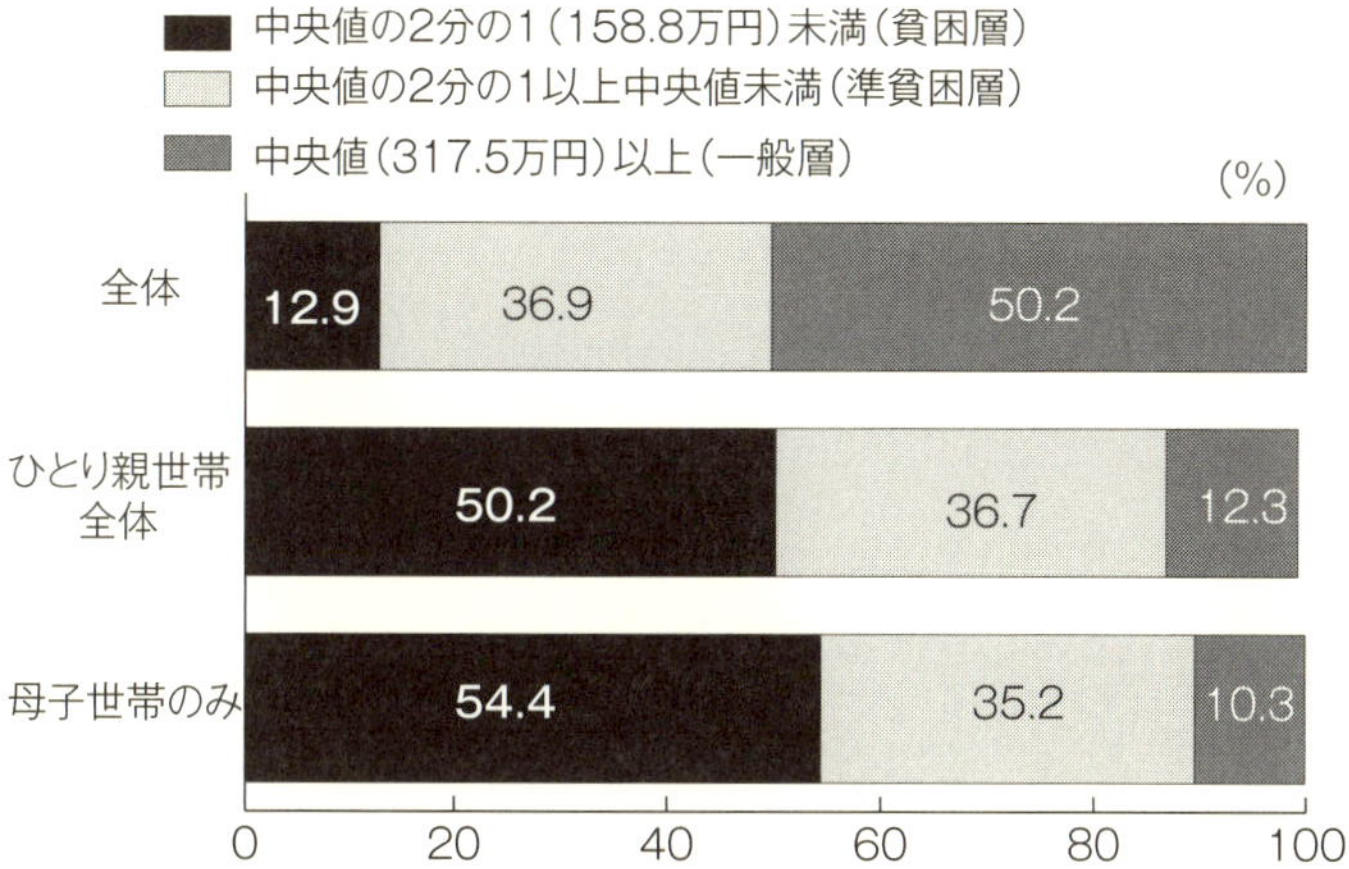

（出所）内閣府（2021）「子供の生活状況調査」。

図表 2-2　コロナの影響による世帯収入の変化

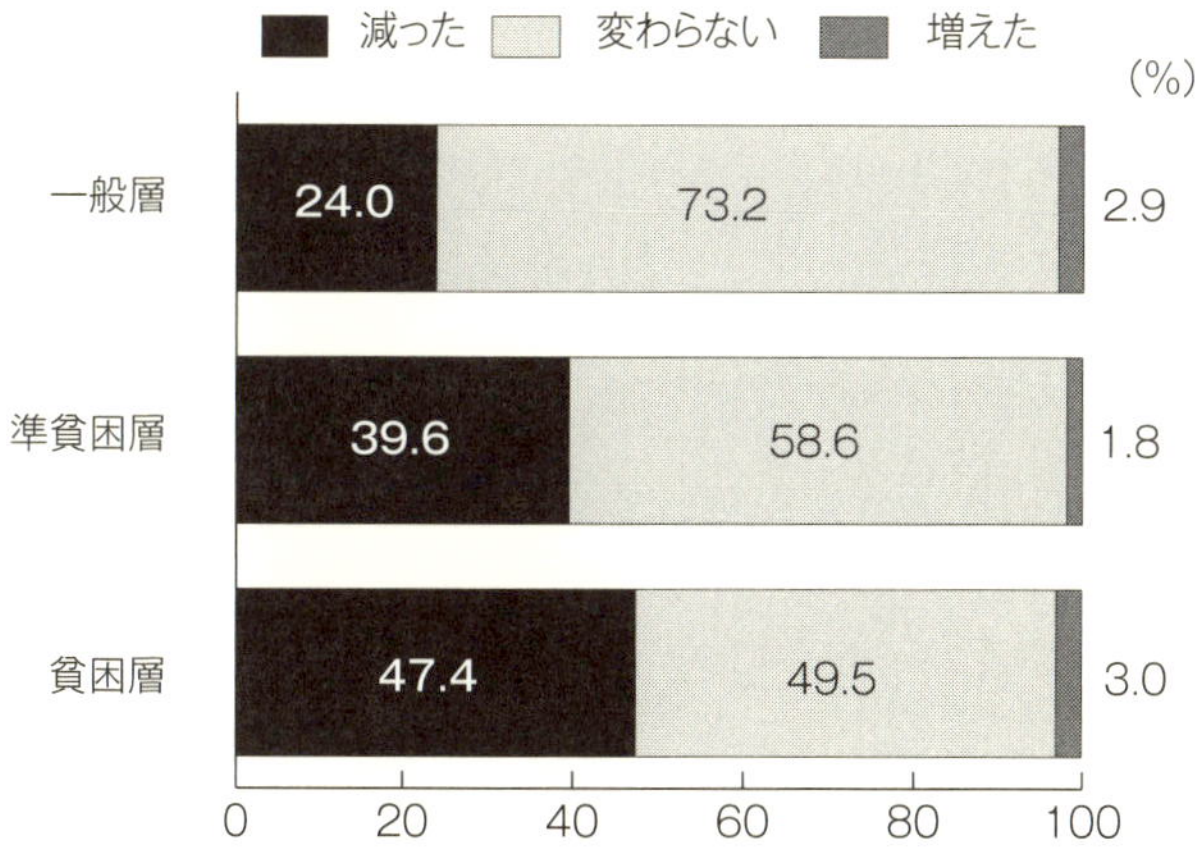

（出所）内閣府（2021）「子供の生活状況調査」。

減少する。逆に、貧困層では、朝食を食べるのが週1、2日あるいは、ほとんど食べない子どもが8・6％いる（図表2-3）。

また、保護者の健康状態も子どもの食習慣に大きな影響を与えている。2015年の横浜市の調査（後掲図表9-2）[3]でも、保護者の健康状態が「あまりよくない」「よくない」と回答した家庭では、「ほとんど食べない」と回答した子どもが18・0％で、保護者の健康状態が「普通」と回答した家庭の9・1％よりも2倍近く多かった。

こうしたことからも、経済的困難などを抱える世帯やその子どもの健康にとって学校給食は非常に重要である。給食のない夏休み中に体重が減る子どもがいる。一部の自治体では、夏休み中の学童保育（放課後児童クラブ）で給食を提供している例もある。

2018年時点では全国でまだ完全給食[4]が実施されていない地域の中学生が15％もいた[5]。朝

図表 2-3　世帯収入の水準別、食事の状況（朝食）

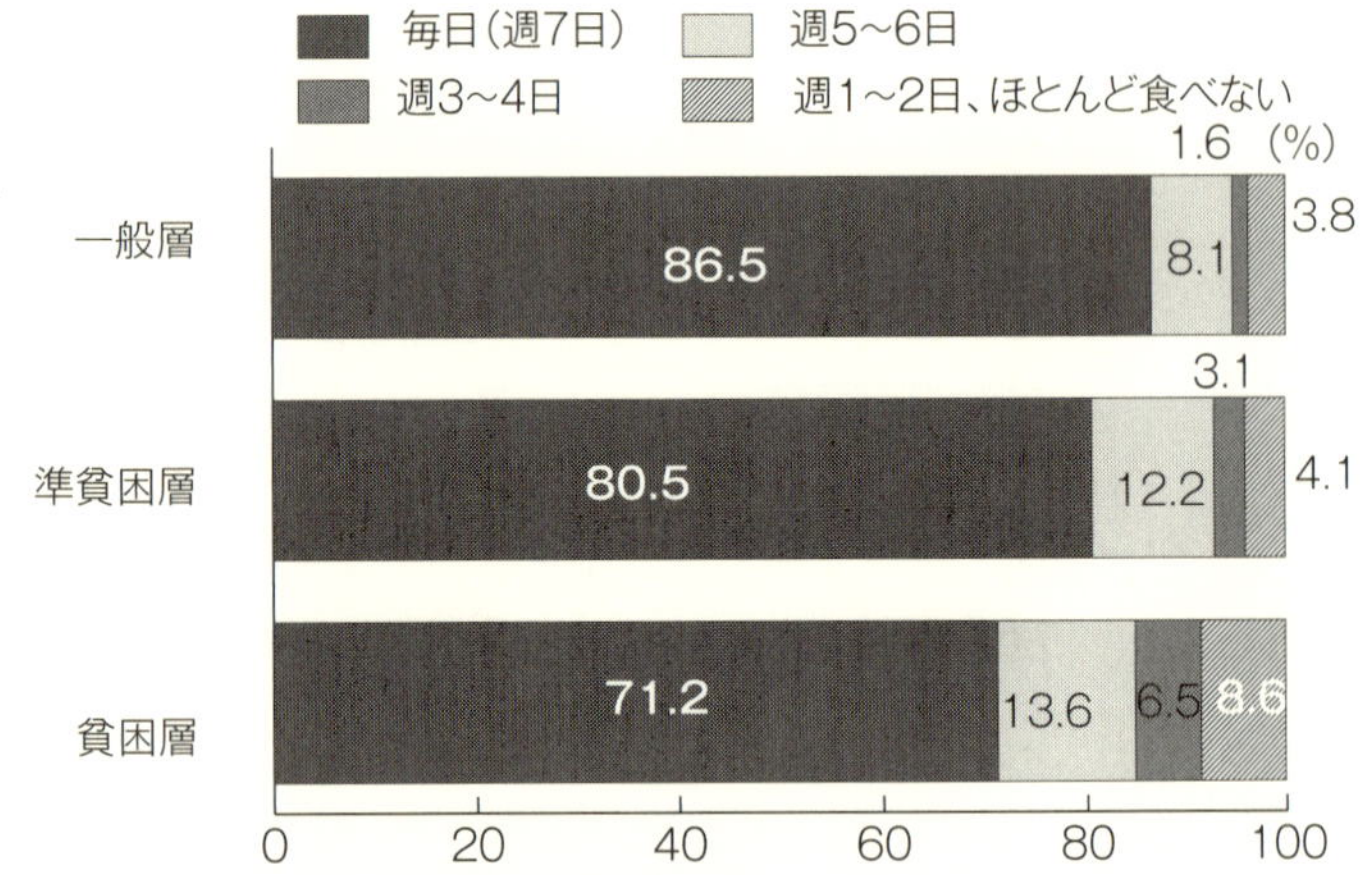

（出所）内閣府（2021）「子供の生活状況調査」。

食を食べていない中学生が、給食のない中学校で、昼食も十分に食べられない事態が起きないよう、一日も早く完全給食を全国で実施することが必要である。第9章で詳しく述べるように、公立中学校では完全給食の実施が増加しているが、夜間定時制高等学校は実施率が低下傾向にある。これは、アルバイトなどでその日一日の食事代は捻出できたとしても、給食費の前払いが難しいことにより喫食者が減少し、給食の実施が困難になったことが主な原因である。

2　給食費未納と公共料金の未払い

経済的な困難を抱える家庭では、電気・ガス・水道などのライフラインの公共料金の未払いも生じている。全世帯では5・7％であるが、ひとり親世帯で16・2％、貧困層で20・7％が該当する（図表2-4）。学校給食費未納者の割合は中学校で0・9％である

図表2-4　公共料金未払いの経験

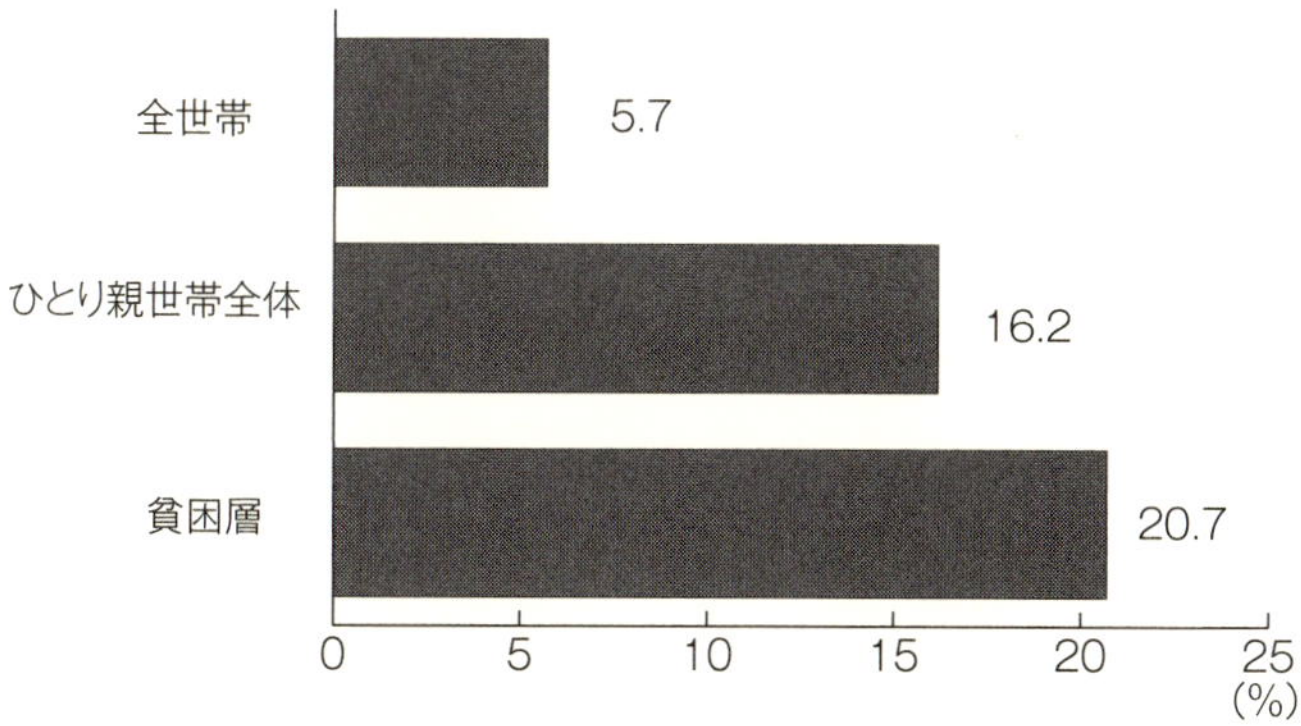

（注）「公共料金未払いの経験」は、電気・ガス・水道のいずれか１つ以上の未払いに該当した場合である。
（出所）内閣府（2021）「子供の生活状況調査」。

ので[6]、給食費未納に至った家庭は他のライフラインの未納が生じている可能性が非常に高いといえる。未納が続けばライフラインが止められることもある。

２０１４年に閣議決定された「子供の貧困対策に関する大綱」[7]において、学校は「子どもの貧困対策のプラットフォーム」と位置付けられた。学校関係者は、給食費の徴収や就学援助などに関する職務を行う際に、「子どもの貧困」を意識した対応が求められる。子どもがライフラインの止まった家庭で暮らすことがないよう、給食費納入の遅滞というシグナルを見逃さず、子ども関係機関へ相談するなど、学校が「子どもの貧困対策のプラットフォーム」としての役割を果たし、関係機関も学校からの相談に対応できる体制を整備する必要がある。

詳しくは第8章で述べるが、沖縄県は２０２４年に県内小中学生全世帯を対象とする「学校給食実態調査」[8]を行った。この調査では、給食が無償化されていない場合に「給食費について負担に感じる」との回答が39・5％にのぼった。負担に感じた世帯では、「給食費の支払いが滞った」との回答が11・２％あり、給食費未納が依然として課題であることが明らかになった。

3　自治体間格差が大きい就学援助制度

憲法に「義務教育は無償である」とあるのにもかかわらず、1年間に小学生で約12万円、中学生で約19万円が学校に通うためにかかる（文部科学省「令和5年度子供の学習費調査」）。また、学校給食費の保護者負担分は、5万円以上である。戦後、ＧＨＱの支援による学校給食が終了し、給食費の保護者負担が必要となった当時から、給食費未納の問題は生じていた。

生活保護世帯は、生活保護制度の教育扶助によって給食費や学用品費の支援を受ける。就学援助制度は、所得制限など受給要件を生活保護よりも緩和して、支援対象を拡大することを意図した制度である。このように就学援助は生活保護の補完的制度であり、年金制度など他の制度を活用しても健康で文化的な最低限度の生活を満たす収入に足りない分を生活保護で賄うという生活保護制度の「他法優先の原則」の大きな例外となっている[9]。

この就学援助制度は、市町村によって運営されてきた。２０２３年時点で、全国で約１２２万人が利用している（後掲図表5－2）。かつて、リーマン・ショック後に小中学生のいる世帯において就学援助利用者が急増していた。

就学援助制度では、生活保護世帯の小中学生を「要保護者」、就学援助のみ受給している世帯の小中学生を「準要保護者」と呼んでいる。地方分権改革であった三位一体の改革により、２００５年度より、「準要保護者」への国の補助が廃止され、主として「要保護者」の修学旅行費にのみ国庫補助制度が残っている（後掲図表5－1）。市町村は、それぞれの要綱・条例などに基づいて就学援助を実施しており、「入学前支給」を行っていない市町村があるなど給付内容のみならず[10]、給付率（就学援助率）について大きな市町村格差が生じている。

公表されている都道府県別のデータにおいても、例えば、２０２３年度の就学援助率[11]は、高知県の25・5％、4人に1人という水準から山形県の7・1％という水準まで、大きな開きがある（図表後掲5－5）。また、市町村毎に受給できる所得水準や受給した場合の支給額などが異なっており、地

図表 2-5　就学援助率と給食費未納（2000 年度）

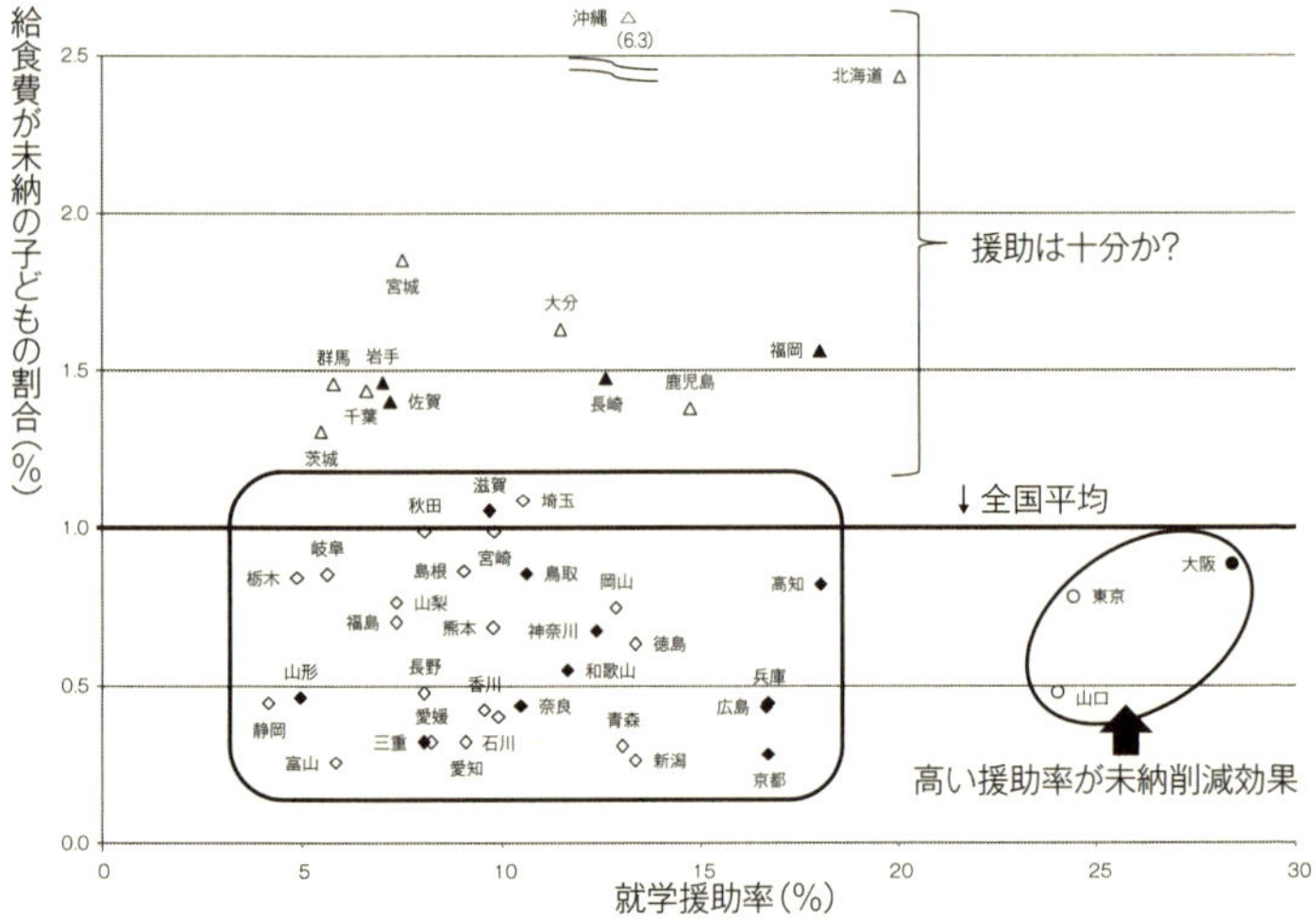

（注）「▲、◆、●」は、公立中学校の完全給食実施率（生徒数ベース）が全国平均（74.8%）以下の県。

（出所）鳫咲子（2013）『子どもの貧困と教育機会の不平等』明石書店、25頁。

域による制度の運用方法の差が大きい。経済的理由で給食費の滞納や未納が多い自治体でも、支給対象者が厳しく限定されていることや、学校における周知への取り組みの差などによって就学援助制度自体があまり知られていない。詳しくは第5章で述べるが、生活保護という基礎的な社会保障制度を補完する就学援助に、このような周知方法など制度の運用による実施水準の格差が存在するのは深刻な問題である。

近年、給食費未納をきっかけに就学援助制度が支援を必要としている家庭に知らされることが増えてきた。しかし、給食費未納の子どもが多い地域で就学援助が十分に行われているとは限らない。給食費未納の子どもの割合が都道府県別に唯一判明している2005年度のデータについて各県の就学援助率と比較してみる（図表2-5）。当時の未納割合の全国平均は1％であるが、地域差が非常に大きい。

沖縄県、北海道、千葉県、茨城県あるいは九州各県など12道県は、未納割合が1・3～6・3％と相対的に高いのにもかかわらず就学援助率が低く、これらの自治体で就学援助制度が十分に運用されているか疑問である。就学援助率が高い東京都、山口県、大阪府は、未納割合が1％以下であり、就学援助が給食費未納を減らす効果があるといえよう。残り全体の約7割の府県は、未納割合1・1％以下、就学援助率20％以下となっていた。

沖縄の未納率は全国平均の6倍、6・3％であった。子どもの貧困率も29・9％と全国平均の2・2倍である沖縄県では、ようやく2015年度から貧困緊急対策事業が行われている。[12] 沖縄県では、テレビ・ラジオで就学援助のコマーシャルも全国で初めて行われている。[13]

4　支援の利用状況と利用しない理由

子どもがいる生活困窮世帯が利用できる各種支援の利用状況についても内閣府の調査が行われている。その中で「就学援助」は、最も利用されている制度である（図表2-6）。「児童扶養手当」の受給を「就学援助」の認定基準にしている自治体は全国の約4分の3を占めているので[14]、「ひとり親」であれば両方を受給する場合も多いと考えられる。しかし、貧困層でも就学援助を「利用したことがない」

世帯が34・8％もいる。生活保護を現在又は過去に「利用したことある」世帯は、合わせても8・7％であり、就学援助を「利用したことがない」世帯が生活保護を利用している可能性は低い。

「貧困層」で就学援助を「利用したことがない」世帯の割合は34・8％であったが、父子世帯も含む「ひとり親世帯全体」では31・4％、「母子世帯のみ」では24・9％と下がり、現在又は過去に「利用したことがある」世帯の割合が高くなる（図表2-7）。

また、「利用したことがない」場合の利用しない理由について、「貧困層」「ひとり親世帯全体」「母子世帯のみ」を比較すると、「制度の対象外だと思う」「制度を知らなかった」という回答が、利用率が相対的に低い「貧困層」で多い（図表2-8）。現状では、各自治体の「就学援助のお知らせ」に対象となる世帯収入をわかりやすく掲載していない場合も多い。就学援助制度の利用率を向上させるためには、その家庭が就学援助制度を利用できるかどうか

図表2-6　子ども支援の利用状況（貧困層）

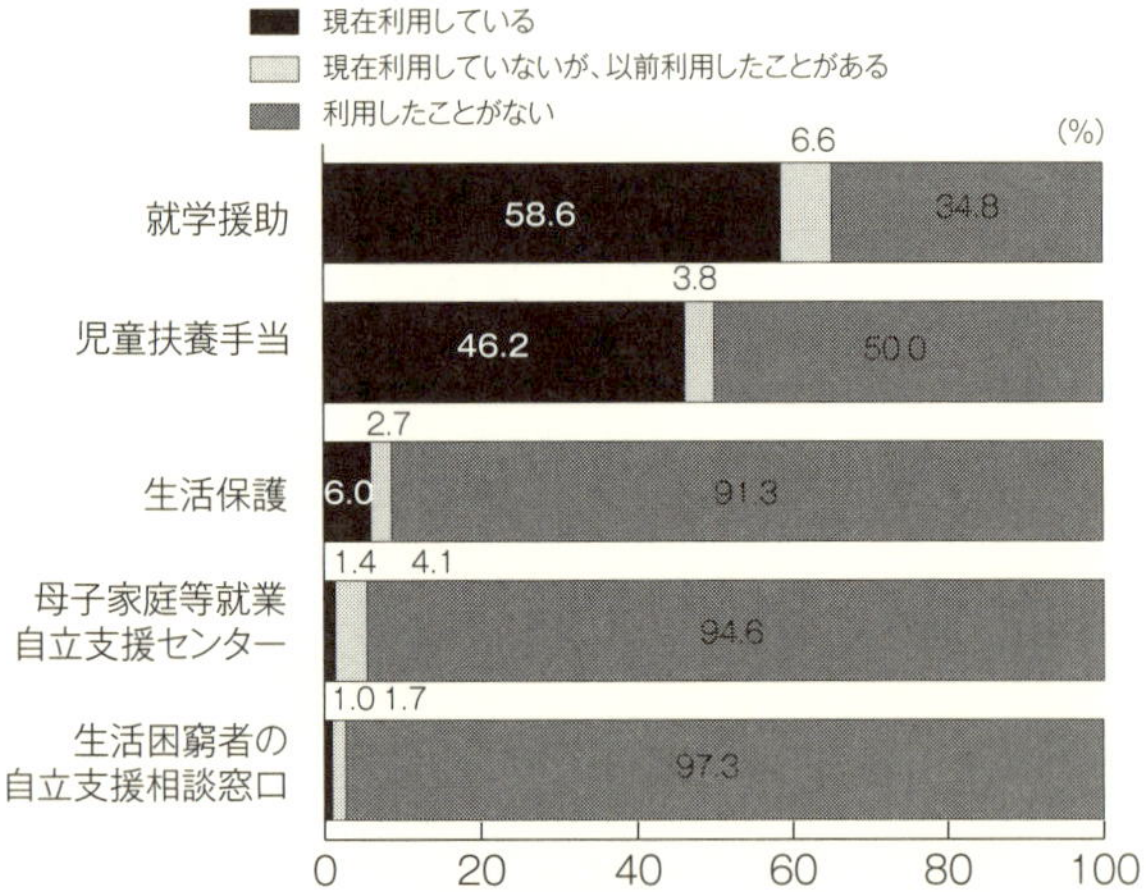

（出所）内閣府（2021）「子供の生活状況調査」。

図表 2-7　就学援助の利用状況

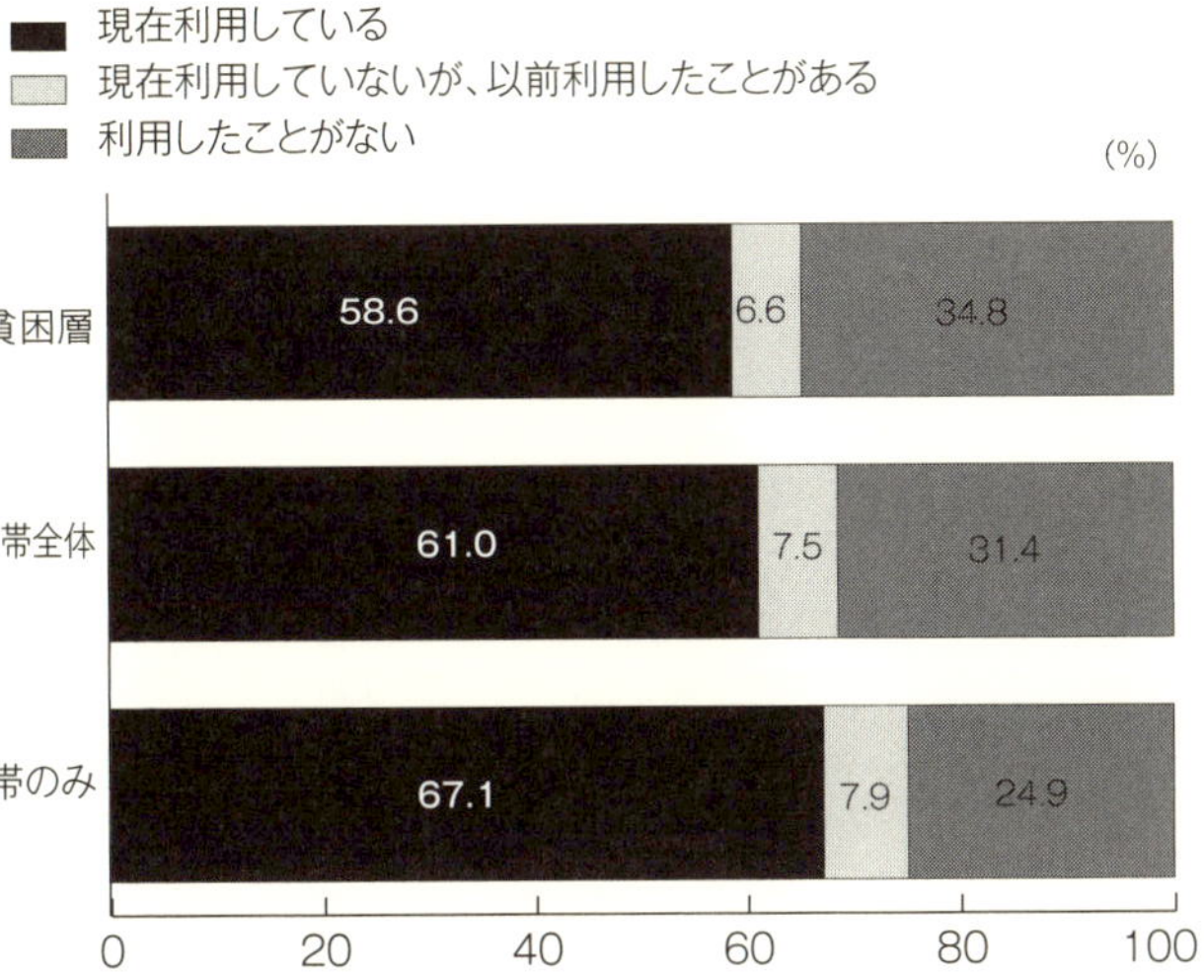

（出所）内閣府（2021）「子供の生活状況調査」。

図表 2-8　就学援助を利用しない理由

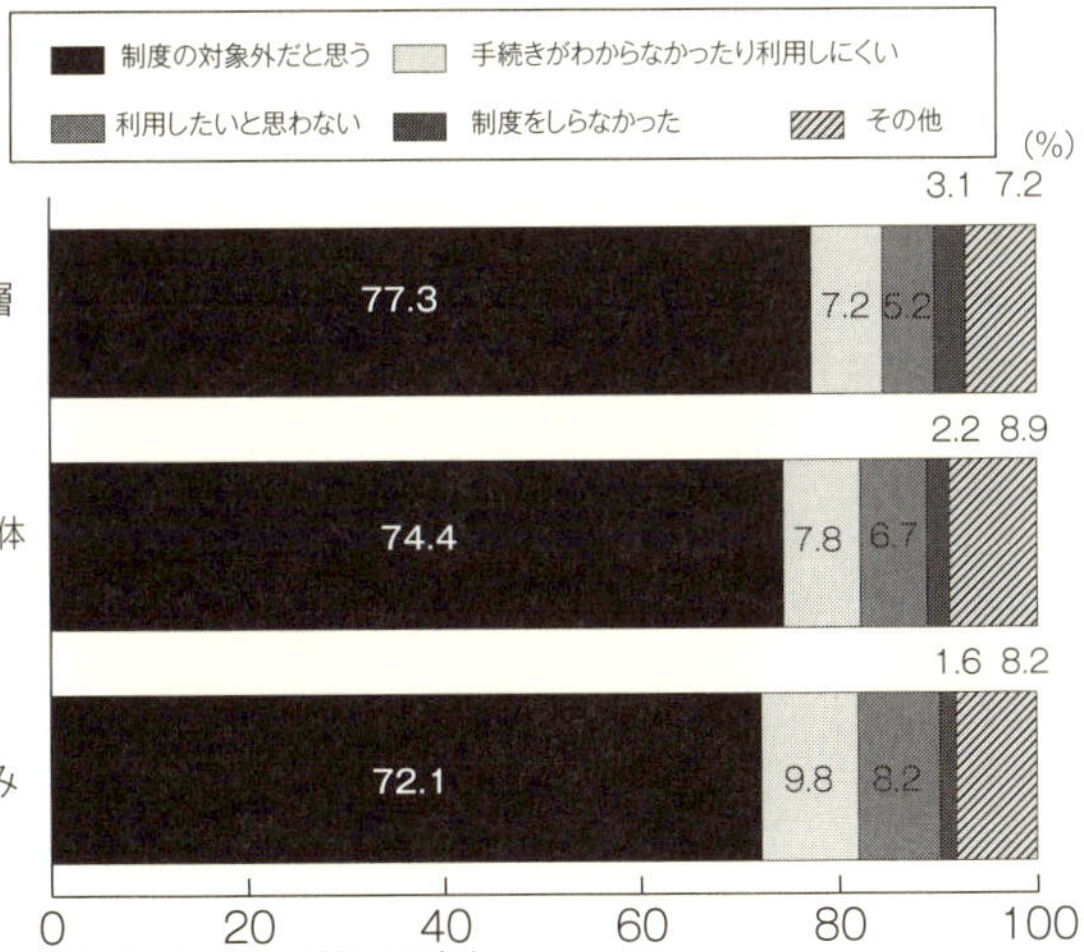

（出所）内閣府（2021）「子供の生活状況調査」。

をわかりやすく周知することが課題である。

「就学援助制度の周知」は、子どもの貧困対策上の重要な指標として、2014年に策定された「子供の貧困対策に関する大綱」の「子供の貧困に関する指標」に位置付けられていた。しかし、「入学時および毎年度の進級時に学校で就学援助制度の書類を配付している市町村の割合」は、全国市町村の約8割で[15]、残り約2割は「保護者からの問い合わせがなければ就学援助制度があることを教えていない」などの状況にあり、積極的な周知が十分ではない。

さらに、「日本語以外の言語を使用」する家庭は、貧困層、準貧困層の割合が高い状況にある。地域の実情に応じて、「就学援助のお知らせ」を外国語対応としたり、わかりやすい日本語で記載したりする必要もある[16]。

【注】

1 2021年に全国2000カ所の中学2年生とその保護者5000組を対象にアンケート調査を行い、回収率は54・3%であった。本章は、鳫咲子（2022）「教育無償化に向けて―韓国の新環境給食の無償化を踏まえて―」『跡見学園女子大学マネジメント学部紀要』第34号、26~33頁をもとにしている。

2 厚生労働省（2022）「国民生活基礎調査」によれば、ひとり親世帯の貧困率は、44・5%であった。

3 横浜市（2015）「実態把握のための調査実施結果報告書（平成27年度）」。

4 主食、おかず、ミルクがそろった給食。

5 文部科学省（2019）「平成30年度学校給食実施状況等調査」。

6 文部科学省（2018）「平成28年度学校給食費の徴収状況に関する調査」。

7　「子供の貧困対策に関する大綱」は、こども基本法に基づき２０２３年に策定された「こども大綱」に吸収された。

8　「非常に感じる」と「感じる」の合計。

9　ただし、生活保護制度は修学旅行を支援の対象としていないため、生活保護受給者も就学援助制度により修学旅行への支援を受ける。

10　文部科学省・前掲第１章注18。

11　要保護および準要保護（就学援助のみ受給）児童生徒数が公立小中学校児童生徒総数に占める割合。

12　内閣府「沖縄の子供の貧困対策に向けた取組」〈http://www8.cao.go.jp/okinawa/3/kodomo-hinkon/okinawakodomo.html〉（２０２５年2月22日参照）。

13　沖縄県教育委員会「就学援助制度について」〈http://www.pref.okinawa.jp/edu/shien/syuugakuenzyo.html〉（２０２５年2月22日参照）、このサイトで就学援助のＣＭも視聴できる。

14　文部科学省・前掲第１章注18。

15　同前。この指標は、こども政策推進会議（２０２４）「こどもまんなか実行計画２０２４」に位置付けられた。

16　文部科学省（２０２１）「就学事務システム（就学援助）標準仕様書【第１・０版】」から、就学援助費認定通知書等にひらがな表記が標準化された（別紙5-3標準レイアウト）。

第3章

子どもの貧困対策と食支援

1　子どもの貧困対策の経緯

２００８年頃から子どもの貧困に関する出版や雑誌における特集が増え、我が国の子どもの貧困の問題がクローズアップされはじめた[1]。子どもの貧困に関する主な研究のうち、阿部は、子どもの貧困改善策として主に普遍的金銭給付に着目していた[2]。金銭給付では、生活保護・就学援助のような所得制限があり給付対象が限定されている個別的給付と、民主党政権下の子ども手当のような所得制限がなく全員を対象とする給付があり、後者を普遍的給付と呼ぶ。山野は、児童相談所勤務の児童福祉士という経歴から実践に基づく提言を行った[3]。ここで両者が共通して議論の前提としたのは、他の先進国と比較して日本の子どもの貧困率[4]が高いという、それまでほとんど注目されていなかった事実だった。特に母子家庭など、ひとり親家庭の貧困率[5]がＯＥＣＤ諸国最悪の水準である。

バブル崩壊後１９９５年から増え続けていた生活保護受給者の人数が、２００８年のリーマン・ショック後、さらに急増した。第２次安倍政権発足後の２０１２年に、生活保護の受給者数の抑制を目的として給付水準の大幅な引き下げ方針を示されたことから、生活保護給付厳格化の緩和策として、与野党ともに子どもの貧困対策に関する議員立法の気運が高まった。議員立法に先立って、子どもの貧困対策法の制定を求める市民団体の世論への働きかけがあった[6]。

子どもの貧困対策法は、民主党を中心とする野党案と自民党を中心とする与党案が、それぞれ国会に提出された。与野党協議により両案が一本化され、「子どもの貧困対策の推進に関する法律（以下、子どもの貧困対策法）」（平成25年法律第64号）が２０１３年６月に成立し、２０１４年１月から施行された。法の附則に規定された法施行後5年の検討が国会および政府において行われ、「子どもの貧困対策法」の改正が２０１９年と２０２４年に行われ、法律の名称も「こどもの貧困の解消に向けた対策の推進に関する法律」に変更された。

2　子どもの貧困対策法

「子どもの貧困対策法」には、子どもの貧困対策に関する大綱を国が定めること、都道府県が子どもの貧困対策計画を策定する努力義務、教育・生活・保護者の就労・経済の４つの分野を中心とする国および地方公共団体の主な支援の内容などについて規定された。２０１９年の法改正で市町村による貧困対策計画の策定が努力義務とされた。２０１９年に改定された「子供の貧困対策に関する大綱」には、子どもの貧困対策に関する基本的な方針と子どもの貧困に関する39の指標が定められていた。

小中学生に対して、学校教育法第19条の規定に基づき、市町村が就学援助を実施している。２０１９年の「子供の貧困対策に関する大綱」の「教育の支援」では、就学援助について国が「就学援助の実施状況等を定期的に調査し、公表することで、就学援助の適切な運用を促し、各市町村における就学援助の活用・充実を図る。また、就学援助が必要な世帯に活用されるよう、各市町村におけるきめ細かな周知・広報等の取組を促す」こととされていた[7]。２０２３年度には、公立小中学生の約７人に１人、全国で約１２２万人の子どもが就学援助によって給食費などの支援を受けている。

3　食生活への支援

小中学生にとって、学校に通うために必要な費用のうち金額の大きなものは、学校給食費である。しかし、公立中学の生徒の15％以上が主食とおかずのそろった完全給食を実施していない中学校に通っている府県もある[8]。公立中学で完全給食の無い市町村は、佐賀・京都・岩手・福井・神奈川などの府県に集中している（後掲図表9-1）。公立中学で完全給食を実施していない場合、就学援助費・生活保護費とも給食費相当額分が支給されないため、支援に不公平が生じている。

子どもの貧困対策法成立後、各地でいわゆる子どもが無料あるいは100円以下など安い値段で食事ができる「子ども食堂」を作る動きが拡大した。「子ども食堂」だけでなく、既存の「学童保育（放課後児童クラブ）」「放課後教室」「児童館」「子ども会」でも食事ができるよう工夫が望まれる。親と一緒に過ごす時間が少ないひとり親家庭・共働き家庭のみならず、親からの養育が十分に受けられない子どもを支援するには、公立中学における完全給食の実施をはじめ、子どもの食のセーフティーネットを充実する必要がある。

第11章で詳しく述べるが、埼玉県越谷市では、２００６年から学童保育に給食センターから配食して夏季給食を実施した。このノウハウを活かして、２０２０年にコロナ対策で休校となって学童保育などへ通う小学生に主食の提供を行った。

4　子どもの貧困と給食無償化

幼児教育の無償化、高等学校等就学支援金は全国的な基準で行われているが、小中学生の教育費負担の軽減として主要な事業である就学援助は、全国的な基準がなく、市町村の裁量に任されている。市町村独自の基準と方法で行われているため、就学援助制度には、大きな市町村格差が存在する。市町村毎に受給できる所得水準や受給した場合の支給額などが異なっており、地域による制度の運用方法の差が大きい。経済的理由で給食費の滞納や未納が多い自治体でも、支給対象者が厳しく限定されていたり、学校における周知への取組の差などによって就学援助制度自体があまり知られていないことがあったりする。

東日本大震災で被災した石巻市では、被災した子どものほとんどが申請する被災枠の就学援助ができて、大幅に給食費未納が減った[9]。規模の小さな自治体では、特定の子どもに対する就学援助による給食費支援より、子ども全員の給食費を無償にする方が地域住民の理解を得られやすい。限られた家庭の支援を行う就学援助ではなく、普遍的な全家庭の給食費補助制度を設けている自治体は、2017年時点で全国の約3割、506自治体に及んでいた[10]。町や村など規模が小さい自治体が中心であり、「消滅可能都市」に挙げられたことが導入のきっかけとなった青森県南部町の例もある。

2016年に政府の経済財政諮問会議では、給食費の無償化には年間5120億円が必要と試算した。現在の就学援助による給食費支援は、所得などの支給基準が設けられているため支援を必要とする家庭が支援を受けていることを知られたくないと申請をためらったり、制度の周知も不十分だったりという大きな問題がある。給食費の無償化は、個別家庭への支援の持つ、こうした課題を解消し、個別的な対策を普遍的な子育て支援策に転換し[11]、直接子どもに給食を現物給付するという意義がある。

【注】

1 本章は、鳫咲子（2021）「安倍政権下の子ども政策」『跡見学園女子大学マネジメント学部紀要』第31号、22〜28頁をもとにしている。

2 阿部彩（2008）『子どもの貧困』岩波書店、223頁。

3 山野良一（2008）『子どもの最貧国・日本』光文社、256〜258頁。

4 厚生労働省「国民生活基礎調査」によれば、子どもの貧困率は2006年14・2％、2018年13・5％となっていた。子どもの貧困率は、17歳以下の子ども全体に占める、貧困線に満たない17歳以下の子どもの割合をいう。貧困線は、等価可処分所得の中央値の半分の額をいう。等価可処分所得は、所得のない子ども等を含め、すべての世帯員について、総所得から税金・社会保険料などを差し引いた額を世帯人員数の平方根で割った額である。

5 厚生労働省「国民生活基礎調査」によれば、2006年54・3％、2018年48・1％、2021年44・5％と、ひとり親家庭の2人に1人が貧困にある状態が続いている。

6 鳫咲子（2017）「安倍政権下における子どもの貧困対策」『大原社会問題研究所雑誌』700号、28頁。

7 文部科学省「就学援助ポータルサイト」。〈http://www.mext.go.jp/a_menu/shotou/career/05010502/

017.htm〉（2025年2月22日参照）。「子供の貧困対策に関する大綱」は、2022年に制定された「こども基本法」により「こども大綱」に吸収されたが、2023年に策定された「こども大綱」には「就学援助」に関する具体的な記述はない。

8　文部科学省（2024）「令和5年度学校給食実施状況調査」。

9　鳫・前掲第1章注12、53～54頁。

10　文部科学省（2018）「平成29年度 学校給食費の無償化等の実施状況」。

11　柴田悠（2016）『子育て支援が日本を救う』勁草書房、196頁の分析によれば、子どもの貧困を減らすには「児童手当」「保育サービス」「共働き」「ワークシェアリング」「失業給付」が有効とされている。

第4章

歴史から考える学校給食の意義

1　学校給食の歴史的経緯

我が国の戦前の学校給食は、欠食児童・貧困児童救済を目的に限定的に開始されたが、戦中・戦後は多くの子ども栄養状態を改善する必要に迫られ、普遍的制度として発展した[1]。学校給食は、戦前には貧困児童救済のために開始され、国庫補助が行われ、戦後の食糧難の時代にはパンと脱脂粉乳の給食にGHQなどの支援が行われた。本節では、このような学校給食の歴史的経緯から学校給食の意義を確認し、現在の子どもの貧困対策の参考となる点について考えたい。

我が国の学校給食は、1889（明治22）年に山形県鶴岡町（現在の鶴岡市）の僧侶による私立学校であった忠愛小学校で貧困児童を対象に無償で行われたのが発祥であると言われている[2]。1922（大正11）年に文部省が行った学校給食実施調査では、全国13校で主に「学事奨励」「貧困児救済」を目的に民間の寄付で行われている給食が報告されている[3]。

このように初期の学校給食は、経済的に恵まれない児童生徒、欠食児童を対象としていたが、大正に入ると栄養面が併せて考慮されるようになった[4]。1923（大正12）年の関東大震災の翌年から東京では、被災した下町の小学校を対象に、民間の募金を原資に給食が行われた。その後、東京の給食は、海外からの支援金で設立された日本栄養協会に運営が引き継がれ、1941（昭和16）年度まで、小学校以外にも一部の中学校、女学校を含め、延べ186万人以上に給食を供給した[5]。

全国的にも、1934（昭和9）年度には204校、2万1638人と給食の実施が増えたが、給食の内容は様々で、経費の負担者も地域により市町村等の自治体、学校、保護者と異なっていた[6]。

我が国で国庫補助による貧困児童救済のための学校給食制度ができたのは、満州事変の翌年1932（昭和7）年の不況対策からである[7]。当時は凶作と世界恐慌下の貧困による子どもの欠食が全国的に増加して社会問題となっており、欠食児童に給食を実施して小学校の就学義務を果たさせようとした。

その際、文部省は、あからさまな貧困救済として給食を受ける子どもに負い目を与えないようにすることを強調し、虚弱児を養護する必要として給食の対象となる児童を選ぶよう現場に指示し[8]、多くの子どもの栄養状態が悪い中、学校も給食を与える児童の選別に苦慮した。

関東大震災後の東京における給食を指導した佐伯矩《さいきただす》栄養研究所長も、欠食児童のみに対する給食は児童に対し精神的に良くない影響を与えるために、全校児童に給食を行い、その有料給食中に欠食児童を含むのが最も良いとする意見書を文部大臣に提出した[9]。

国庫補助は欠食児童10万人の食費分だけだったが、実際には佐伯の意見に沿って、約38万人、1万1千校（昭和7年度）を対象に給食が実施された。その費用は、国庫補助が約7割、残りが道府県、市町村、その他寄付、被給食者負担で賄われた。昭和14年度には全国約215万人、1万3千校を対象に実施された[10]。

戦時中は、生活物資の統制（管理）強化、戦災、学童疎開によって学校給食は休止状態になった。敗戦後は、食糧事情の悪化の中、児童の栄養改善の見地からパン・脱脂粉乳など連合国からの援助物資によって都市部の小学校を中心に無償で再開された。1951（昭和26）年のサンフランシスコ講和条約により我が国が独立を回復し、連合国の援助が終了すると、費用の保護者負担が導入されるとともに、給食費未納者が増加し、また給食費の負担が困難な地域では給食の打切りも生じた。

さらに１９５３（昭和28）年は、水害、冷害の発生により、弁当を持って来ない子ども、いわゆる欠食児童が数十万人にものぼり、学校給食の法制化を望む声が一段と高まった。

２　学校給食法の制定と就学援助制度の発足

学校給食法制化運動の成果として、１９５４（昭和29）年に、主に小学校を対象として「学校給食が児童の心身の健全な発達に資し、かつ、国民の食生活の改善に寄与するものであることにかんがみ、学校給食の実施に関し必要な事項を定め、もって学校給食の普及充実を図ることを目的」[11]として学校給食法が制定された。当時、教室に貧富の格差を持ち込んで子どもを悲しませることのないように、皆同じものを食べることも学校給食の意義であると考えられていた[12]。

学校給食法制定当時に、準要保護児童に対する給食費補助が課題になっていた。生活保護法によって国から給食費補助を受けている家庭の子どもが要保護児童と呼ばれ、かろうじて生活保護法の適用を受けないけれども、実際において給食費の支払いは不可能であるという家庭の子どもが要保護に準ずるという意味で準要保護児童と呼ばれた。

１９５６（昭和31）年の学校給食改正によって、学校給食が戦後義務教育となった中学校などに拡大されるとともに、生活保護受給者以外の準要保護者に対する給食費の国庫補助制度が創設された。

これが現在の就学援助制度につながる。
格差社会の中で、コロナ危機や食材費高騰に直面し、子どもの食の格差も拡大している。歴史を振り返ると、災害など大きな社会的危機に見舞われた際に、子どもの食を保障するために学校給食が発展してきたことがわかる。学校給食は、貧困児童救済のために開始され、子どもの食格差を小さくするために、大きな役割を担ってきた。

【注】

1　本章は、鳫咲子（２０２４）「子どもの貧困と学校給食—意義と課題—」『農村と都市をむすぶ』８６４号、44～46頁をもとにしている。
2　文部省・日本学校給食会（１９７６）『学校給食の発展』第一法規、２頁。
3　萩原弘道ほか（１９８７）『実践講座学校給食第１巻歴史と現状』名著編纂会、13～15頁。
4　文部省・日本学校給食会・前掲注２、４頁。
5　萩原ほか・前掲注３、12、16～19頁。
6　文部省・日本学校給食会・前掲注２、８頁。
7　「文部省訓令第18号学校給食臨時施設方法」『官報』第１７０８号、１９３２（昭和７）年９月７日。
8　「学校給食臨時施設方法に関する件」文部省普通学務局『児童就学奨励概況』１９３２年、39頁。
9　佐伯矩「学校給食に関する意見書」林勇記（１９４５）『学校給食の新研究』有朋堂、14頁。
10　文部省・日本学校給食会・前掲注２、10～12頁。
11　法律第１６０号（昭和29年６月３日）。

12　「第19回国会閉参議院文部委員会学校給食法案に関する小委員会会議録第1号」（1954年8月19日）、11頁など。

第5章

就学援助制度の限界

求められる普遍化

就学援助とは、経済的に困窮している小中学生の保護者に対して、市区町村が学用品や給食費に相当する金額の経済的支援を行う制度である[1]。今日、就学援助や生活保護により給食費の支援を受けている小中学生は、全国で約122万人（2023年度）おり、これは、公立小中学生の13・7％に相当し、平均すると7人に1人が給食費等の支援を受けていることになる。

2013年に制定された「子どもの貧困対策の推進に関する法律」に基づき2014年にはじめて閣議決定された「子供の貧困対策に関する大綱」においても、就学援助の活用・充実を図ることが重点施策として位置付けられていたが、この就学援助や生活保護による支援を受けている小中学生の割合は、リーマン・ショック後の2011年度の16％をピークに、11年連続して下がり続けている（後掲図表5-2）。

2005年度から就学援助に対する国の補助金は一般財源化され、市区町村の担当部局は財源を十分に確保できない状況にある。2020年からのコロナ不況下において、子育て世帯のうち収入が少ない世帯ほどコロナの影響によって世帯収入が減っていることが明らかになった（前掲図表2-2）[2]。内閣府の調査では、世帯の収入が「中央値の2分の1未満」の貧困層と呼ばれる世帯でも、就学援助の利用申請をしていない世帯が34・8％もいる[3]。利用しない理由は、「制度の対象外だと思う」77・3％、「手続きがわからなかったり利用しにくい」7・2％、「利用したいと思わない」5・2％、「制度を知らなかった」3・1％となっている（前掲図表2-8）。

就学援助を受けられる世帯の基準は各市町村が独自に定めているが、制度の周知不足が、就学援助が利用されないことの主な原因となっている。就学援助制度が保護者の申請が必要な収入等を基準とした選別的福祉であることが、制度を利用することへのためらいを生じている[4]。かつて、欠食児童を対象に限定的に始まった学校給食は、給食を食べる限られた子どもに貧困児童というレッテルを貼ったり負い目を与えたりしないよう苦慮した。同様に、現在は生活に困窮する家庭に給食費等を限定的・個別的に支援する就学援助が、制度の周知不足や制度を利用することへのためらいなどから、コロナ不況下でも必要な子どもに届かないという、制度としての限界を迎えている。本章では、就学援助制度の現状として、近年の就学援助の増減の要因と、見直しが必要な就学援助と生活保護の関係についても述べる。

1　就学援助に関する法・条例

就学援助は、経済的理由から小中学校への就学が困難な児童生徒の保護者に対して、学校給食費・学用品費等を支給し、家庭の教育費負担を軽減する制度である。就学援助の対象となる児童生徒は、要保護者又は準要保護者と呼ばれている。「要保護者」は生活保護法の対象者である。「準要保護者」は市町村が要保護者に準ずる程度に困窮していると認める者であり、就学援助の対象者の9割以上を占める（後掲図表5-2）。

東日本大震災・能登半島地震のような大規模災害で被災し、経済的理由から小中学校への就学が困難な児童生徒の保護者に対しては、「被災児童生徒就学援助事業」が実施されている。なお、別制度として、国および地方公共団体が、特別支援学校や小学校・中学校の特別支援学級等に通う障害のある児童生徒の保護者の教育費を、家庭の経済状況等に応じて補助する「特別支援教育就学奨励費」による支援がある。

憲法第26条には、教育を受ける権利、保護者に子どもに教育を受けさせる義務、義務教育の無償が規定されている。「義務教育の無償」の内容としては、公立小中学校の授業料が無償であることと、義務教育の小中学生は教科書が無償であることに限られる。それ以外は、給食費をはじめ、いろいろな費用がかかる。

憲法第26条および教育基本法第5条が児童生徒の保護者に就学義務を課していることから、教育の機会均等を保障するための規定が教育基本法第4条および学校教育法第19条にある。教育基本法第4条には「国および地方公共団体は、能力があるにもかかわらず、経済的理由によって修学が困難な者に対して、奨学の措置を講じなければならない」と規定されている。学校教育法第19条には、「経済的理由によつて、就学困難と認められる学齢児童又は学齢生徒の保護者に対しては、市町村は、必要な援助を与えなければならない」と規定されている。

これらを受けて「就学困難な児童および生徒に係る就学奨励についての国の援助に関する法律」(就学奨励法)では、市町村が行う就学援助に対し、国は予算の範囲内において必要な経費の一部を補助することが規定されている(第2条)。就学奨励法のほかに、学校保健安全法(第25条)、学校給食法(第12条)にも同様の規定がある。

市町村が行う就学援助について、議会で議決される条例によって支給対象者、対象費目、支給方法、支給額等を定めているのは全国16団体(2024年8月現在、北海道芦別市、新十津川町、古平町、青森県平内町、福島県白河市、神奈川県横浜市、新潟県南魚沼市、湯沢町、愛知県安城市、三重県桑名市、いなべ市、大台町、大阪府東大阪市、山口県萩市、周南市、熊本県嘉島町）である。そのほかの多くの自治体では、就学援助の根拠を議会の関与のない要綱においている。条例化を進め、議会の関与を高めるべきである。

2　就学援助と生活保護の関係

生活保護の基準に合う小中学生には、厚生労働省が所管し自治体の福祉部局が担当する生活保護費から学用品費、通学費、学校給食費などが支給される。その生活保護基準よりも、やや所得の高い世帯には文部科学省が所管して市町村の教育委員会が担当する就学援助費として学用品、通学費、学校給食費等が支給される。就学援助制度の対象者は準要保護者と呼ばれ、特に教育現場では就学援助よりも準要保護という用語が使われることが多い。準要保護者は就学援助の対象となっている小中学生であり、要保護者は生活保護の対象となっている小中学生である。

生活保護の基準の1・3倍くらいを就学援助の基準としている市町村が多い。準要保護の認定基準は市町村によって異なるが、全国の78・5％の市町村が「生活保護の基準額に一定の係数を掛けたもの」を認定基準としている。その倍率を「生活保護基準の1・2倍超1・3倍以下」と回答した市町村の割合が全国の44・7％であるが、1・1倍以下から1・5倍超まで幅広く分布している[5]。他の認定基準としては、「生活保護法に基づく保護の停止または廃止」「児童扶養手当の支給」「市町村民税の非課税・

減免」「国民健康保険法の保険料の減免または徴収の猶予」「国民年金保険料の免除」の回答率が高い。

また、就学援助は、生活保護に関する他法優先の原則[6]の例外となっている。生活保護を受けている家庭に小中学生がいる場合、就学援助ではなく、生活保護の教育扶助で学用品、学校給食費などの支援を受ける（図表5－1）。生活保護の教育扶助と準要保護児童生徒への援助を、経済的理由による就学困難な者に対する支援として統一された理念の下に一本化する新しい制度については将来の課題と考えられていた[7]。経済的理由によって就学が困難な子どもに対する支援として、生活保護の教育扶助と就学援助制度を統一された理念の下に一本化する新しい制度を設けることは、急ぎ解決すべき課題である。

生活保護世帯は、生活保護制度の教育扶助によって、概ね就学援助と同様の給食費や学用品費の支援を受ける。現時点では、生活保護を受けている子どもには、学用品費や通学費は生活保護費から支出し、就学援助を優先しないことが就学援助と生活保護の基本的な関係となっている。このように、就学援助は、生活保護の「他法優先の原則」の大きな例外となっている。

憲法および教育基本法に基づく教育の機会均等に関する国の責任、こどもの貧困解消法に基づく子どもの貧困対策に関する国の責任ならびに財源保障の観点からは、就学援助を国の制度として位置付け直し、生活保護の他法優先の一般原則にならい、まずは就学援助を教育扶助に優先させることを検討すべきである[8]。

しかし、さらなる例外があり、修学旅行費は、生活保護対象の子どもにも就学援助費から支出している。生活保護は、修学旅行を支援の対象としていないため、生活保護受給者も就学援助制度により

図表 5-1　生活保護（教育扶助）と就学援助の関係

生活保護の他法優先原則の例外

就学援助=準要保護者+要保護者（修学旅行費　一部の医療費）

<table>
<tr><td>生活保護
（教育扶助）
資産調査あり
全国共通の
認定基準あり</td><td colspan="2">就 学 援 助
資産調査なし:主として所得（収入）基準
全国共通の認定基準 なし:生活保護基準所得の1.3倍程度 が多いが、
1.0倍から1.5倍以上まで幅広く分布。</td></tr>
<tr><td>要保護者</td><td>要保護者</td><td>準要保護者（要保護者に準ずる程度に困窮）</td></tr>
<tr><td>学用品費
通学費
学校給食費</td><td>修学旅行費
生活保護で林間学校は○なのにこれは何故×?
一部の医療費</td><td>学用品費　修学旅行費
通学費
学校給食費　一部の医療費
学用品費等</td></tr>
<tr><td>国庫補助3/4</td><td>国庫補助1/2</td><td>（2005年度以降:国庫補助→市町村の一般財源化）</td></tr>
</table>

（注）学校給食が実施されていなければ、就学援助費・生活保護費の給食費相当額は支給されない。一部の医療費は、学校保健法が定める(1)トラコーマ・結膜炎(2)白癬・疥癬・とびひ(3)中耳炎(4)慢性副鼻腔炎・アデノイド(5)むし歯(6)寄生虫病（虫卵保有を含む）のいわゆる学校病６種類のみ対象。

（出所）鳫咲子（2013）『子どもの貧困と教育機会の不平等』明石書店、44頁。

修学旅行への支援を受ける。修学旅行費については、教育扶助制度が整備された当時の社会通念として、学習に直接必要なものとして取り扱われず生活保護の教育扶助の範囲から除外され、就学援助の対象とすることで現在に至っている。

かつて修学旅行が贅沢であり、行けない子がいても仕方がない時代の考え方で生活保護制度が今でも運用されていることになる。現在は通常の授業でも修学旅行に関することが教材として取り上げられるにもかかわらず、現状で生活保護費の対象としないのは実態に合わない。既に修学旅行のほとんど（96%）が教科や他の教育活動とかかわりを持って行われている実態からも時代にそぐわない[9]。

3　子どもの貧困対策と就学援助

２０１３年6月に「子どもの貧困対策の推進に関する法律」（平成25年法律第64号）が議員立法で成立し、２０１４年1月から施行された。２０１４年8月には、子どもの貧困対策に関する国の方針「子供の貧困対策に関する大綱」が初めて定められた[10]。法制定時の子どもの貧困対策法の主な目的は、子どもの将来がその生まれ育った環境によって左右されることのないよう、貧困の状況にある子どもが健やかに育成される環境を整備するとともに、教育の機会均等を図ることである[11]。この目的を達成するための前提となる実態把握として、子どもの貧困に関する25項目の指標が大綱に定められた。この「子どもの貧困に関する指標」には、「就学援助制度の周知状況」も含まれていた。

「子供の貧困対策に関する大綱」によって、「国として就学援助の実施状況等を定期的に調査公表するとともに、就学援助ポータルサイト」を整備するなど、就学援助の適切な運用、きめ細かな広報等の取組を促し、各市町村における就学援助の活用・充実を図ることとなった。大綱に基づき、要保護および準要保護児童生徒数、就学援助制度の周知方法、準要保護の認定基準等について、文部科学省が実施した調査結果が公表されている。「被災児童生徒就学援助事業」対象者を含んだ「要保護および準要保護児童生徒数」は全国１２２万人であり、公立小中学校児童生徒総数に占める割合（就学援助率）は13・7％である（２０２３年度・後掲図表5–2）。

「就学援助制度に関する周知状況」として、「毎年度進級時に学校で就学援助制度の書類を配布している市町村の割合」と「入学時に学校で就学援助制度の書類を配布している市町村の割合」が

2014年に策定された大綱の「子供の貧困に関する指標」に位置付けられた。2019年に改定された「子供の貧困対策に関する大綱」[12]では、「入学時および進級時に就学援助を周知している市町村の割合」が指標となった。2013年度は「進級時の配布」61・9％、「入学時の配布」61・0％であったが、2024年度は「入学時および毎年度の進級時の配布」が83・7％に増加しているが、残りの全国約2割の市町村では、これらの周知が十分に行われていない。

「新入学児童生徒学用品費等の入学前支給の実施状況」は、2019年の「子どもの貧困対策の推進に関する法律」改正後の新しい「子供の貧困対策に関する大綱」（令和元年11月29日閣議決定）の「子供の貧困に関する指標」に位置付けられた。全国の市町村の実施率は、2018年度時点で小学校47・2％、中学校56・8％であったが、2024年度時点は小学校87・0％、中学校87・1％まで増加した。

4　財源と就学援助率の動向

市町村の行う就学援助のうち、要保護者への援助に対して、国は「要保護児童生徒援助費補助金」（国庫補助率1／2、2024年度予算額約5億円）を交付している。ただし、要保護者への学用品費、通学費等は生活保護により給付されるため、主として「要保護者」の修学旅行費にのみ国庫補助制度が残っている。

準要保護者に対する就学援助は、地方分権に関する三位一体改革により、2015年度より従前1

／2の補助率が限度となっていた国の補助金が廃止となり、一般財源化され、各市町村が単独事業として実施している。

生活保護費支給の対象とならない修学旅行費が主な国からの補助対象であるが、要保護者の補助対象費目として、学用品費、体育実技用具費、新入学児童生徒学用品費等、通学用品費、通学費、修学旅行費、校外活動費、医療費、学校給食費、クラブ活動費、生徒会費、PTA会費に国の補助金の予算単価が定められている。これに準じて、市町村が行う準要保護者の援助対象費目や単価が定められる場合もある。

市町村は、それぞれの要綱・条例などに基づいて就学援助を実施しており、「入学前支給」を行っていない市町村があるなど、給付に関する大きな市町村格差が生じている。ただし、「被災児童生徒就学援助事業」のうち、東日本大震災に対する支援については交付金として10／10が国費から支出されたが、能登半島地震等大規模災害に対する支援については交付金として2／3が国費から支出される。

2011年度までは、この就学援助を受ける小中学生の人数、割合が増えていた。1995年度の約77万人から2011年度には約161万人に増えたが、2023年度には約122万人となっている。公立小中学校児童生徒数に占める割合も6・1%から16%に増加した後、2023年度は13・7%となっている。約20年間で人数、割合ともに2倍の水準に増加し、小中学生の6人に1人が支援を受けるという水準になった後、2011年度以降12年連続して減少している（図表5-2）。減少した要因については、次節で検討する。

就学援助を受ける子どもが増加していた際には、「企業の倒産やリストラなどによる経済状況の変化」と「離婚等による母子・父子家庭の増加」が二大要因とされた（図表5-3）。親の仕事が不安定で所得が少ない家庭に育つ子どもが増えている。また、子どものいる世帯のうち、三世代世帯の割合が減少し、核家族世帯が増加している。ひとり親世帯であっても三世代同居を選ぶ割合も減っているのではないか。さらに、給食費未納の保護者への対応として、「就学援助制度等の活用を推奨」することも増えて制度が知られるようになってきた（図表5-4）。あるいは、公的支援を受けることへの抵抗感の減少といった保護者の意識の変化、外国人世帯が増えてきたことも要因として挙げられていた[13]。

5　申請を阻む周知の壁

市町村が実施している就学援助の課題として、第2章で自治体間格差が大きいことについて述べたが、ここでは制度が申請主義によって運用されているため、支援を必要としている子育て家庭が「制度を知らなくて、申請できない」という制度周知の壁があることについても述べたい。このように就学援助制度は、各市町村独自の制度で行われ、国による補助金も廃止され一般財源化されたために、現状では子どもの貧困を防ぐ機能を十分に果たしているとは言い難い。すなわち就学援助制度は限界を迎えている。

就学援助率を都道府県別にみると、高知県の25・5％から山形県の7・1％まで大きな自治体間格差がある（被災児童生徒を含む・図表5-5）。実施主体は市町村であるため、同じ県内でも市町村毎に

図表 5-2　援助を受ける小中学生の推移　12 年連続利用率が低下

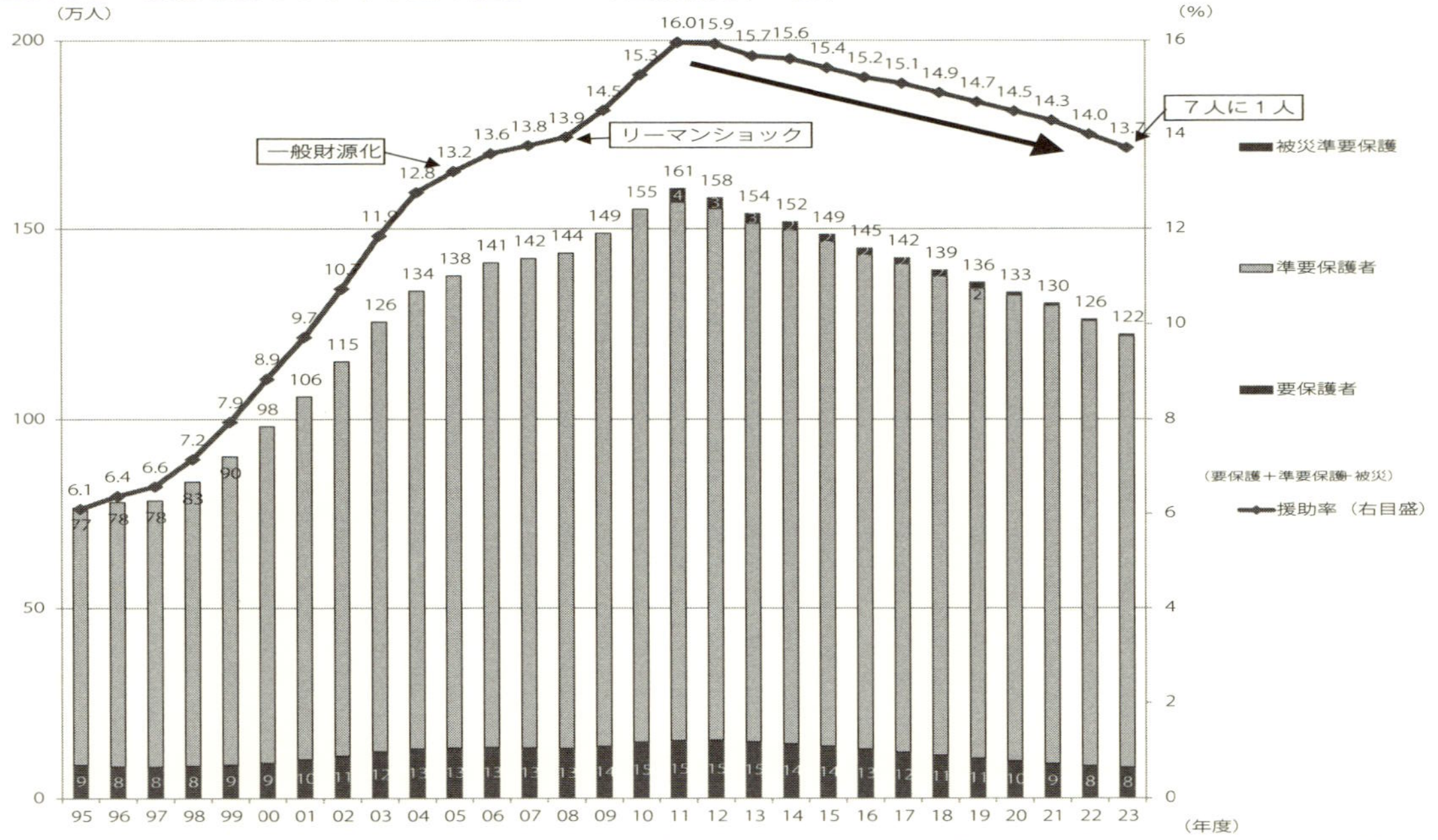

（注）援助率は、生活保護を受ける要保護者、就学援助を受ける準要保護者、被災準要保護者が公立小中学校児童生徒総数に占める割合である。
（出所）文部科学省（2025）「要保護及び準要保護児童生徒数の推移」。

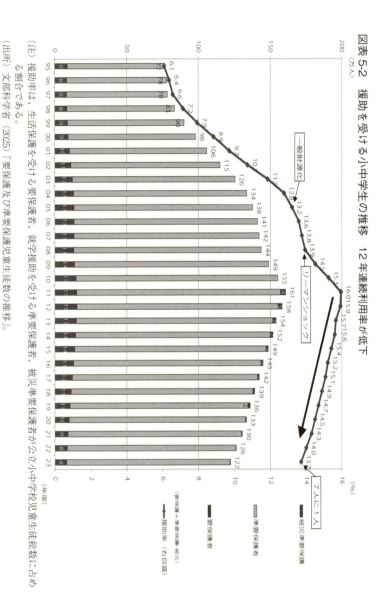

図表 5-3　援助を受ける小中学生増加の要因

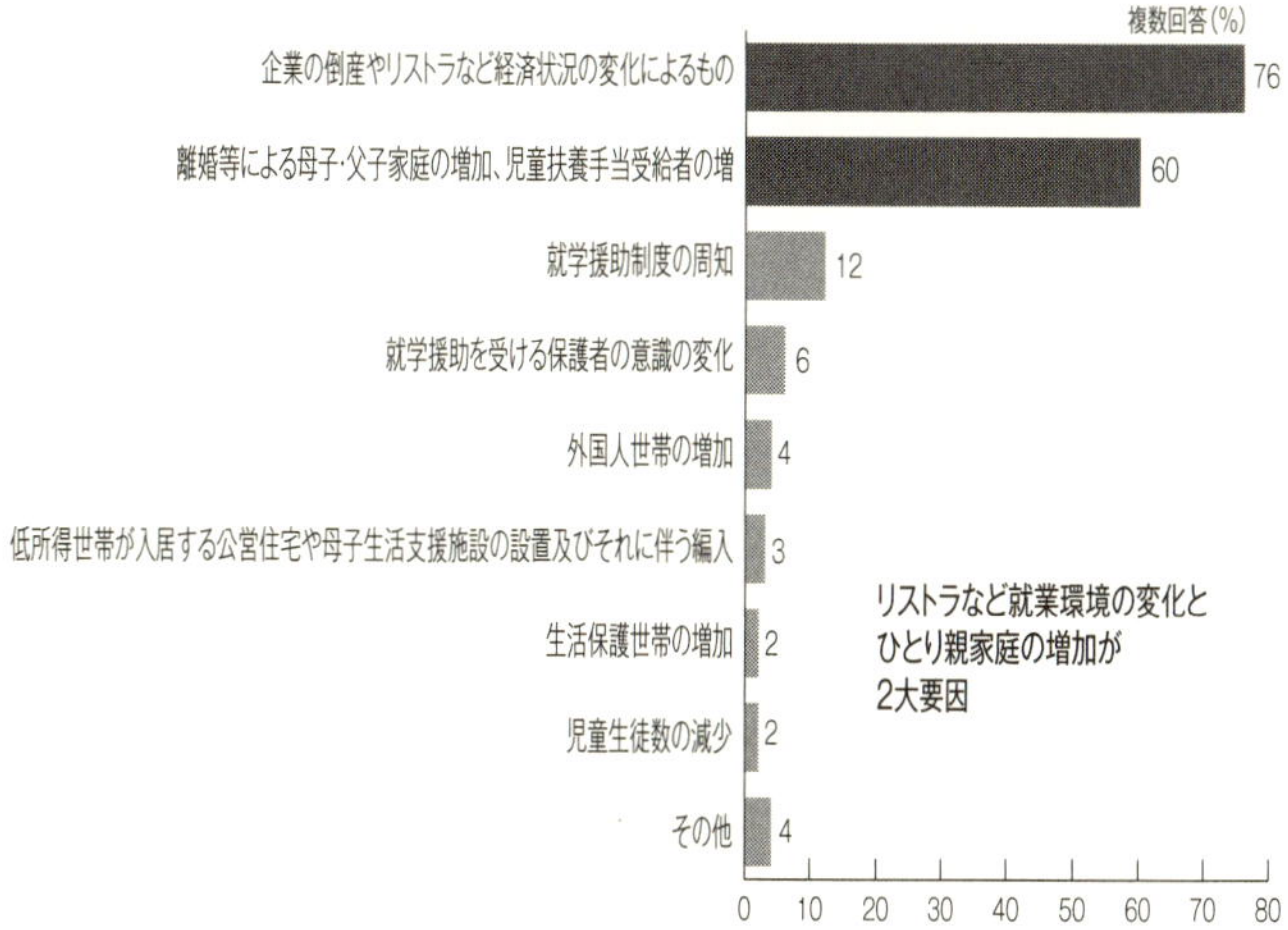

（出所）文部科学省「就学援助に関する調査結果について」2006年６月。

図表 5-4　給食費未納の保護者への対応内容（小中計）

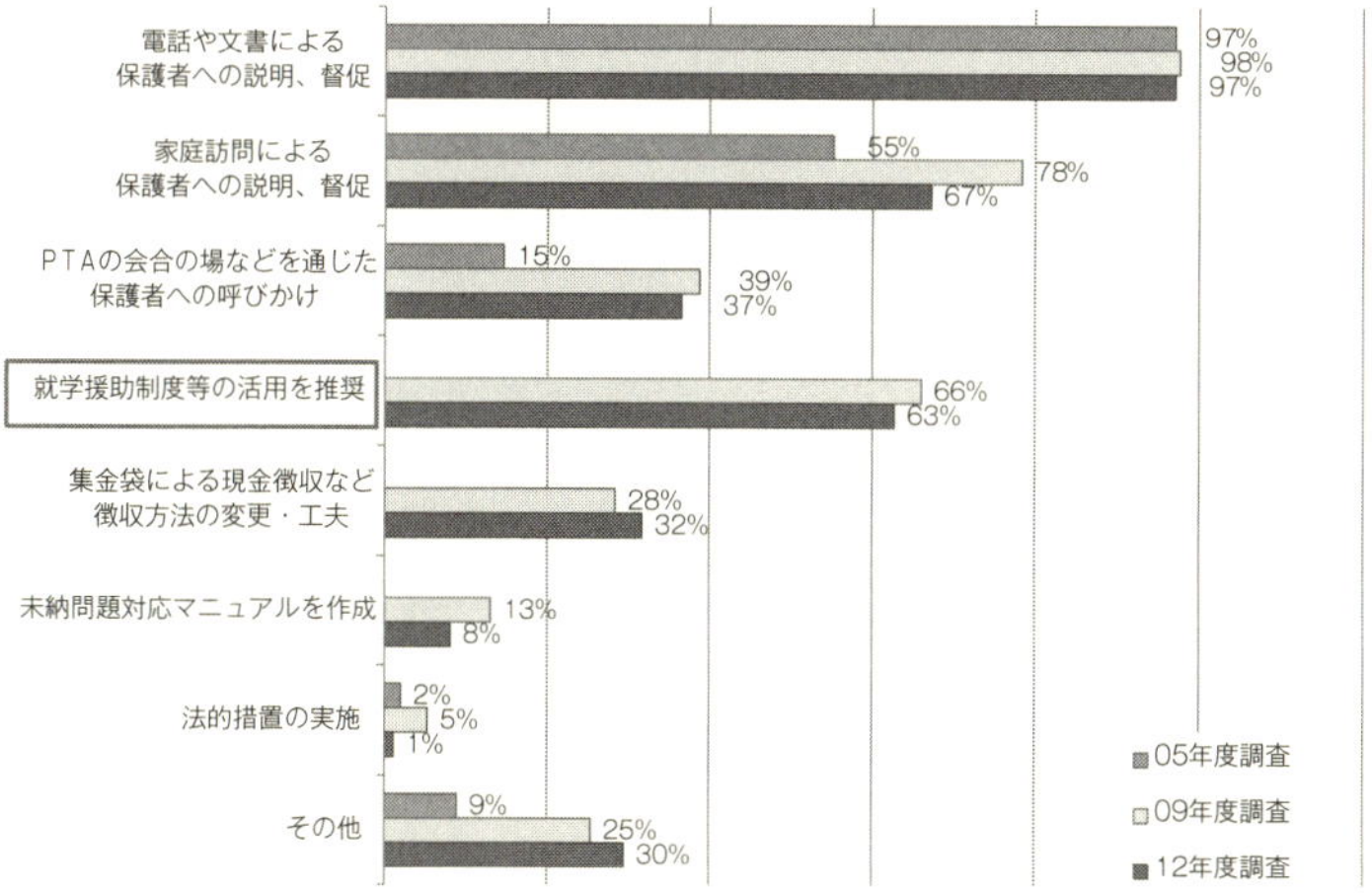

（出所）文部科学省「学校給食費の徴収状況に関する調査の結果について」。

認定基準が定められ、援助率にも格差がある。市町村によって「就学援助制度に関する周知状況」に差があることも、これらの格差の要因となっている。近年、学校給食費未納の対応策として、学校等が「就学援助制度の活用を推奨」することが増えてきているが、更なる周知が必要である。

第1章で述べた小中学生のいる家庭に対する静岡県の調査では、相対的貧困の定義から算出した「貧困層に相当する世帯」のうち37・5%しか就学援助を利用していないことが明らかになった。静岡県は、就学援助率（公立小中学生に占める援助を受けている小中学生の割合）が全国二番目に低い。貧困層において利用しない理由は、「必要なかったため申請しなかった」52・6%以外に、「知らなかった」15・5%、「必要であるが、基準を満たさなかった」10・3%、「手続きがわからなかった」6・7%、「申請したが認められなかった」5・2%、「必要であるが、周囲の目が気になり申請しなかった」4・6%となっている。さらに、「貧困層に相当する世帯」の36・0%が就学援助を利用しても（援助額が）「学校にかかる経費」に足りないと回答している（静岡県「子どもの生活アンケート調査報告書」2019年）。

就学援助制度の周知・利用状況にも市町村毎などの格差がある。手続のわかりにくさ、スティグマ（恥辱感）を生じることなど、援助を必要とする家庭に十分な金額を届けることの難しさが課題となっている。

東日本大震災の被災地でNPOの支援を受けた家庭を対象に、2年にわたって行われた就学援助についてのアンケート調査では[14]、経済的な支援を必要としている世帯でありながら、就学援助制度を利用していない世帯がアンケート回答世帯の約4分の1あった。その理由についての回答は、制度を「知らなかった」が約4割、その他「認定されなかった」、「要件を満たしていない」などとなっている（図

図表5-5　小中学生の就学援助率（県別、2023年度）

西高東低の大きな自治体間格差→支援の利用しやすさなど反映か

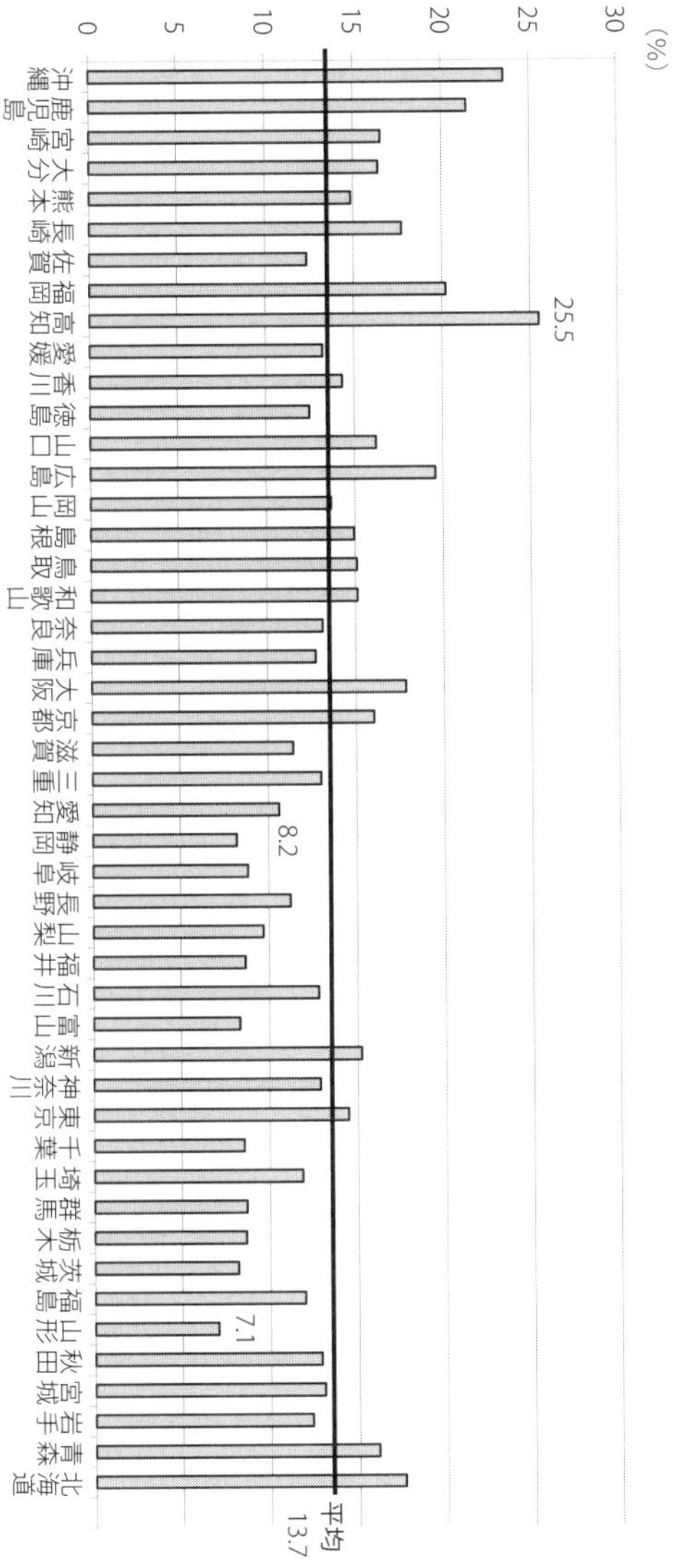

（注）各県のデータには、被災児童生徒就学援助実施率を含む。
（出所）文部科学省(2025)「令和5年度要保護及び準要保護児童生徒数について」。

表5‐6)。就学援助は、被災地においてNPOの支援の方が知られている状況にある。

「子供の貧困対策に関する大綱」(2014年8月29日閣議決定)によって、「就学援助制度の周知状況」は、「子どもの貧困に関する指標」に位置付けられた。「就学援助制度の周知状況」は、「入学時および毎年度の進級時に学校で就学援助制度の書類を配付している市町村の割合」とされ、全国市町村の約8割で実施されているが(文部科学省「令和6年度就学援助実施状況等調査結果」)、残り2割は「保護者からの問い合わせがなければ就学援助制度があることを教えていない」などの状況にあり、積極的な周知が十分ではない。国の責務として、子どもの貧困対策の地域格差の是正を図ることが求められる。

また、同じ被災地のアンケートで、就学援助制度を利用するにあたって改善してほしい点として、「支給対象となる費目が増える」、「家庭での立て替えが必要ない支給時期・方法」など支給内容・方法の改善が求められている(図表5‐7)。「申請書・説明資料・認定要件・認定される所得の目安額」をわかりやすく説明すること、「申請時に民生委員の判断を必要としない」、「周囲の目が気にならないよう申請できる」など申請のしやすさを求める声もある。周知の徹底を求める回答として「申請希望の有無を子どものいるすべての家庭に確認」という項目もある。これらは、就学援助制度を利用していない理由として、制度を「知らなかった」ことが最上位に挙げられていることと符合する。

厚生労働省は、自治体のひとり親家庭の相談窓口において、ワンストップで寄り添い型支援を行うことができる体制を整備することを掲げている。忙しいひとり親家庭にとって、支援の申請手続は負担が大きい。全国の市町村の7割以上で、児童扶養手当を受給している家庭に小中学生がいれば、就

図表 5-6　就学援助制度を利用しない理由

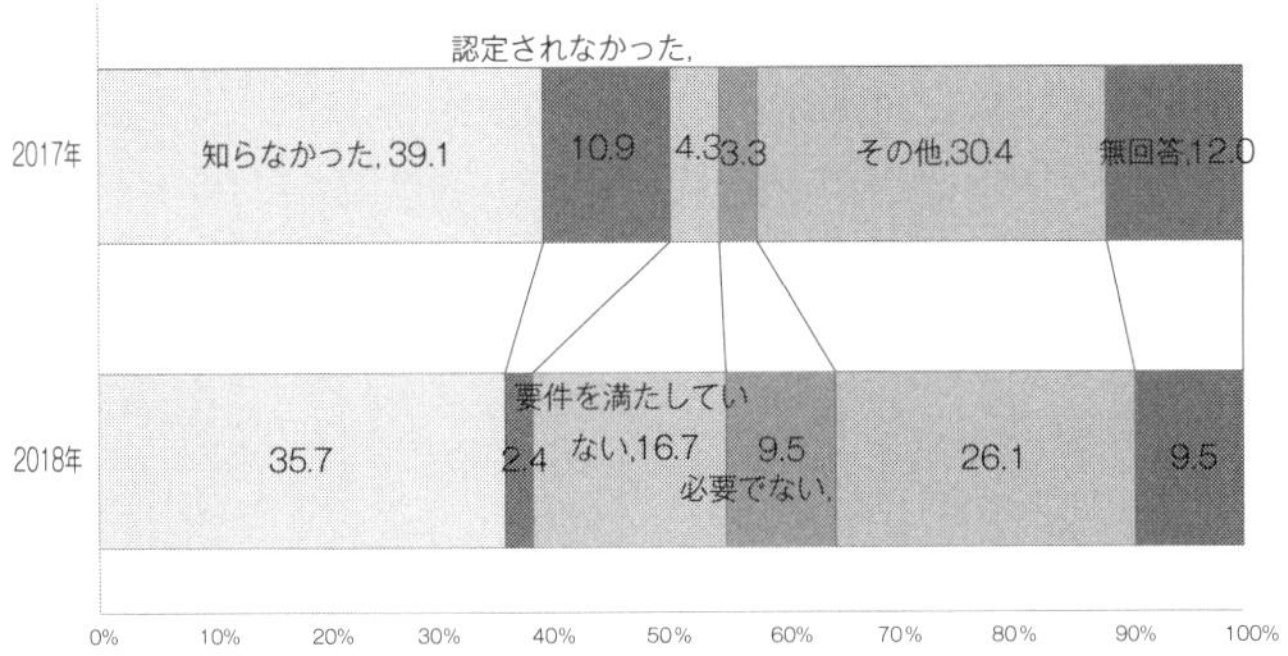

（出所）セーブ･ザ･チルドレン・ジャパン（2017・2018）「東北沿岸部における経済的に困難な状況下の子育て世帯への調査結果」。

図表 5-7　就学援助制度を利用するにあたって、改善してほしい点

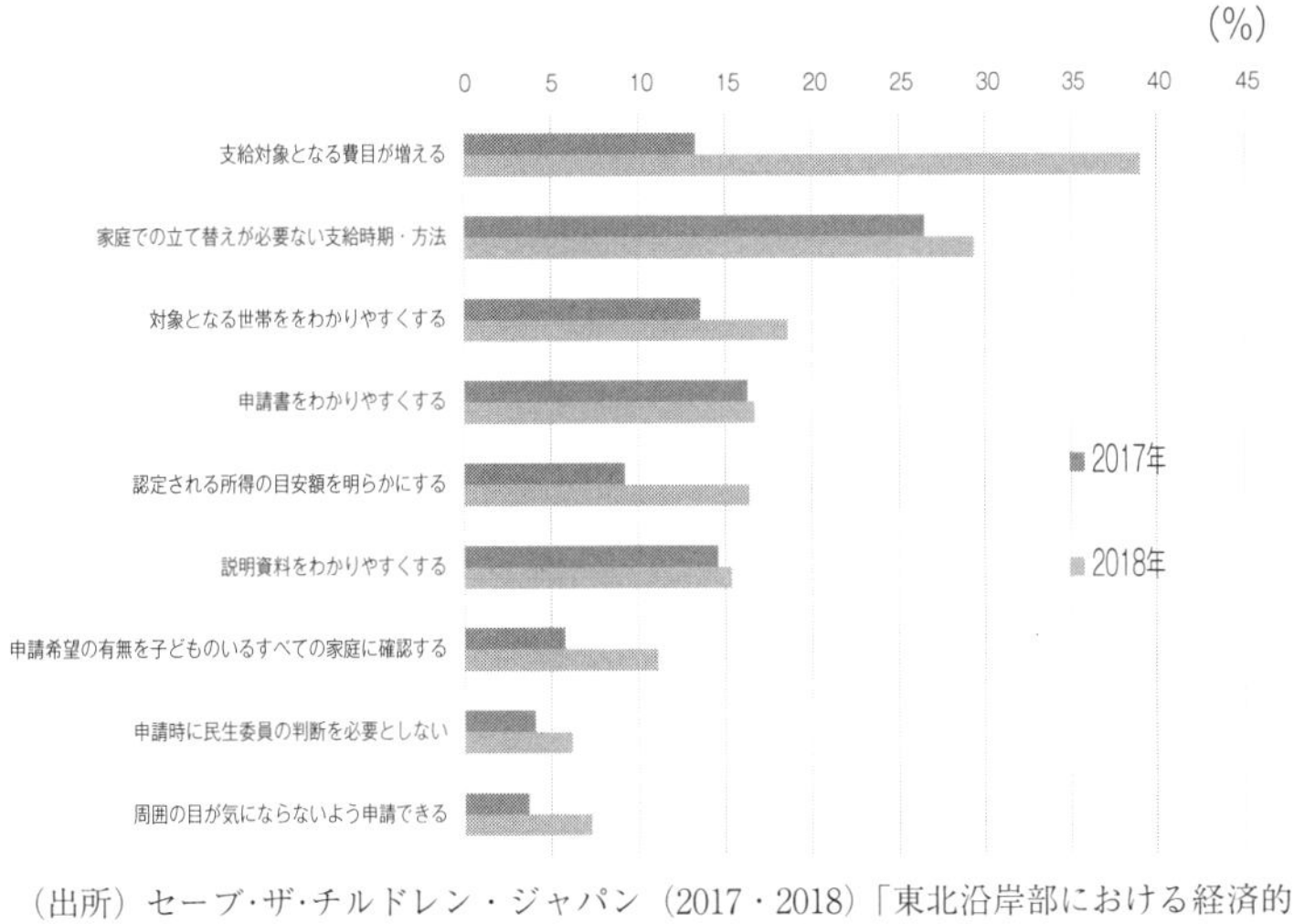

（出所）セーブ･ザ･チルドレン・ジャパン（2017・2018）「東北沿岸部における経済的に困難な状況下の 子育て世帯への調査結果」。

学援助も受給できることになっている[15]。しかし、児童扶養手当は福祉部局、就学援助は教育委員会と、同じ市役所内でも担当課が異なり、手続を別々に行う必要がある。どちらかを申請したひとり親家庭が、もう一方の申請をしたかどうか漏れがないかなどのチェックが行われることも少ない。

6 不足する就学援助額

就学援助による学校経費の支援については、東日本大震災の被災地のアンケートでは、半数〜6割近い世帯が「まかなえていない」と回答している（図表5-8）。特に、中学生になると、制服・通学費、クラブ活動費、修学旅行費など学校関係の支出が年平均19万円となり、小学生を7万円以上、上回る（図表5-9）。給食費の未納率も、小学校0・4％に対して中学校は0・5％というように、常に中学校の未納率が高く（図表5-10）、中学生に対する支援の必要性が高い。

準要保護者に対する就学援助制度における国庫補助は2005年度以降、小泉政権時の国庫補助金改革、税源移譲、地方交付税の見直しを三本柱とする地方分権改革である三位一体の改革により廃止され、一般財源化された。国からの補助金であれば、使い道が就学援助に限定されていたが、一般財源化されると使途を限定されずに国から自治体に交付される。その結果、自治体は住民から要望の多い他の事業にお金を使い、多くの場合、多数派ではない貧困層への施策が後回しになりやすい。就学援助に十分な予算を付けて積極的に広報することが多くの自治体で難しくなっている[16]。

2013年の生活保護法改正による生活保護基準の引き下げに伴い、就学援助への影響の調査が行

図表 5-8　就学援助制度による学校経費の軽減度合

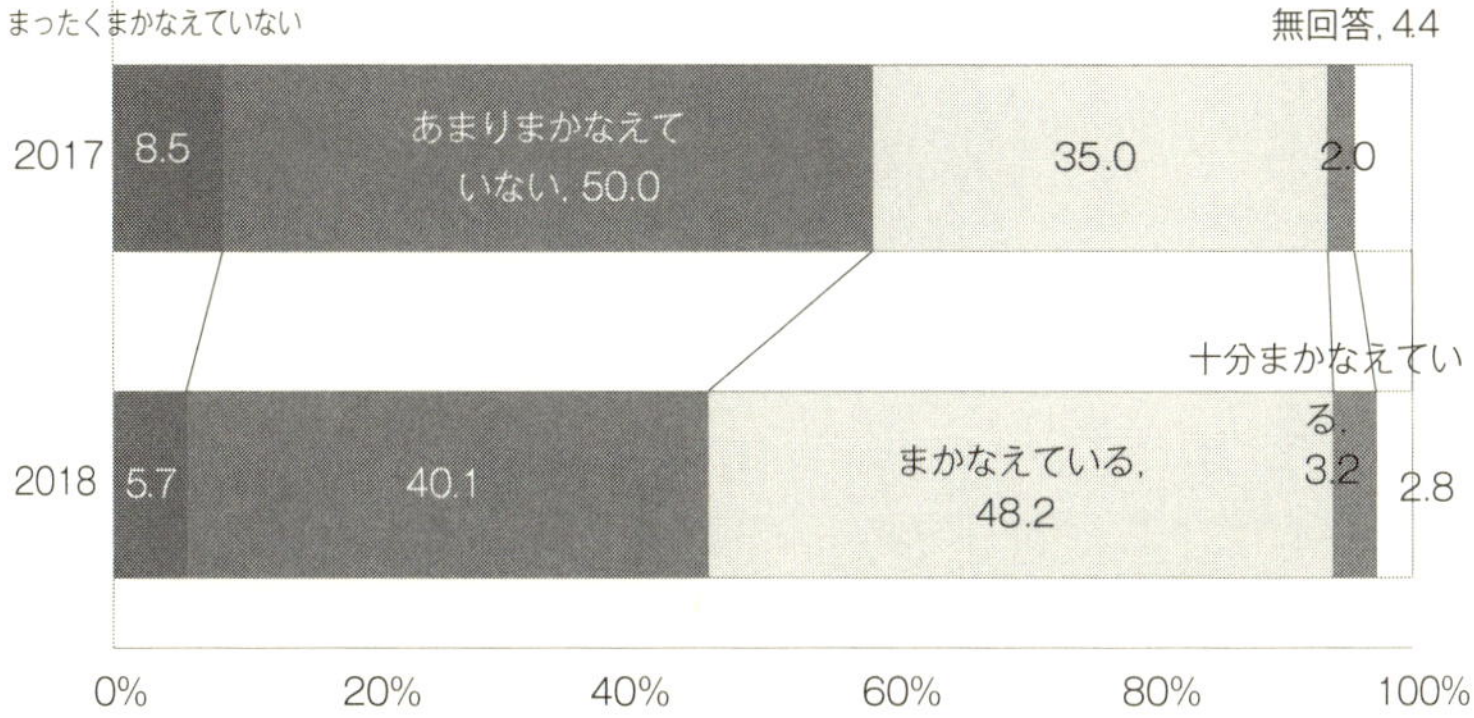

（出所）セーブ･ザ･チルドレン・ジャパン（2017・2018）「東北沿岸部における経済的に困難な状況下の 子育て世帯への調査結果」。

われた際、ある自治体の自由記述欄に次のような回答があった。「法的根拠等を踏まえ、支給要綱に基づき就学援助を行っている。就学援助制度は一般財源化され、各自治体の裁量に任されています。その上で生活保護の影響回避について国から要請があるのであれば、全国一律の方針を示し、制度設計すべきと考えます」[17]。財源確保に苦労する自治体担当者として当然の意見であると考えられる。一般財源化は、地方分権、住民による自治という点では有用であるが、貧困対策など少数者のための政策が不十分になるおそれがある。

図表 5-9　公立学校に通うための費用（一人年間）

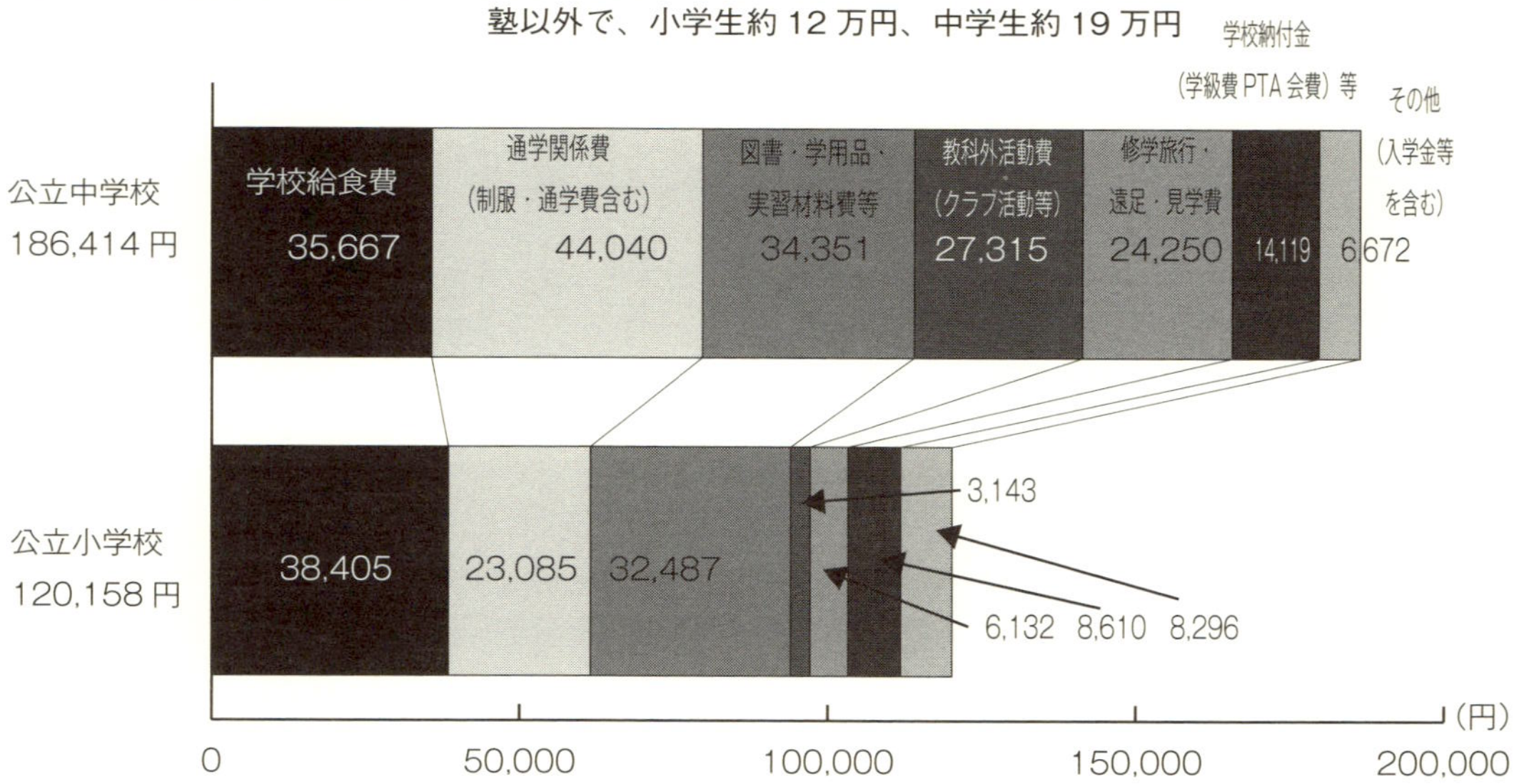

（注）学習塾費など学校外活動費を除く。給食費は、完全給食が実施されていない学校の給食費を含んだ平均である。文部科学省（2024）「令和５年度学校給食費調査」によれば、完全給食を実施している公立学校の保護者の年間負担額（月額×11 か月）は、小学校51, 568円、中学校59,037円である。

（出所）文部科学省（2024）「令和５年度子供の学習費調査」。

図表 5-10　学校給食費の未納額割合の推移

常に中学生の割合が高い

（16 年度：他の学校徴収金滞納者小 15%、中 40%）

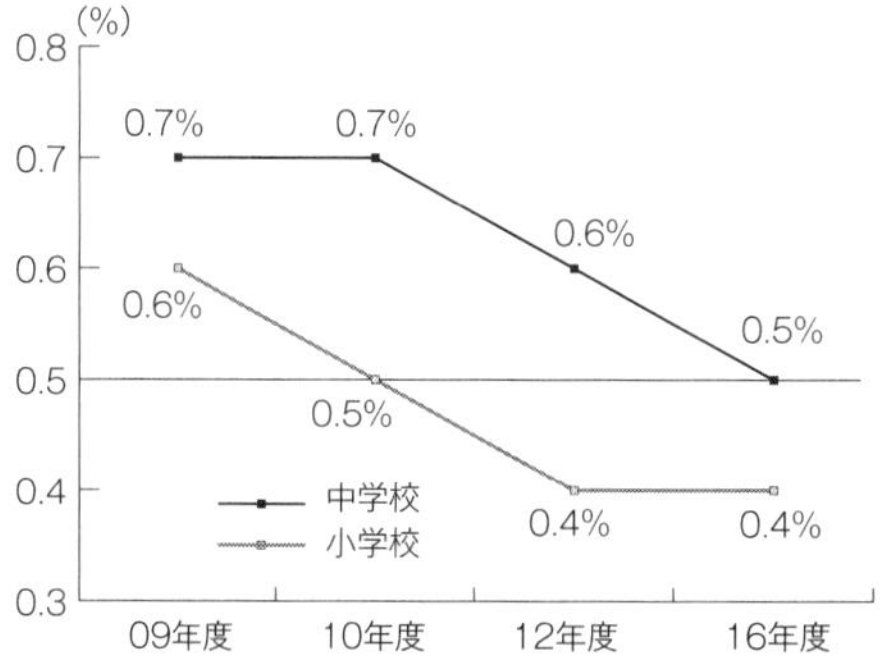

（出所）文部科学省「学校給食費の徴収状況に関する調査の結果について」より作成。

7　大規模災害時における就学援助

本節では、近年の大規模災害時に被災地で所得要件が緩和されて普遍化に近づいた就学援助の効果と限界について述べる。

東日本大震災では、震災により経済的に就学困難となる児童生徒が多数にのぼること、避難の状況に応じた支援の拡大が必要になることから、臨時特例交付金による被災児童生徒就学援助事業が創設され、就学援助制度と同様の現金給付による支援が行われている。例えば、宮城県石巻市では、２０１１年度以降、約４割という高い就学援助率となっていた[18]。震災前の２０１０年度の就学援助率は、13・6％であった。震災後は、全額が国庫負担で支給される就学援助制度が被災者には適用された。例えば家屋の損壊が半壊以上の「り災証明書」の写しがあれば、所得基準を満たしているかどうかは問われず適用された。この結果、給食費の滞納件数は、２０１０年の２４７件から２０１１年以降、年１００件以下に半減した。この間の児童生徒数の減少は、17％程度なので、給食費の滞納件数の半減は、就学援助が増えた効果といえる。被災した家庭の大半が受けている支援であると就学援助が認識され、援助を受けることへの心理的抵抗が下がった効果であると考えられる。

震災直後の２０１１年度の全国の就学援助率15・６％に対して、被災３県は岩手県10・２％、宮城県10・８％、福島県10・６％という水準であった（図表５-11）。交付金による被災児童生徒就学援助事業を合計すると、２０１２年度に給食費などの支援を受けている児童生徒数が公立小中学校児童生徒総数に占める割合は、岩手県14・４％、宮城県17・４％、福島県17・３％となった。交付金事業によって被災３県の支援対象者は１・４〜１・６倍に増え、６〜７人に１人の小中学生が経済的支援を受ける状況となった。

しかし、この水準は、宮城県と福島県は全国平均をやや上回る程度であり、岩手県は全国平均には及ばない。これは、給食費未納の状況、ひとり親率、県下の自治体の財政力などからみて、被災県の東日本大震災発生以前の就学援助率が全国水準と比べて低すぎたためと考えられる[19]。被災県の就学援助全体の水準は、震災による全額国費負担の特別措置により、ようやく全国平均の水準となった。この特別措置がなければ、被災自治体が被災した児童生徒への就学援助を全国平均の水準で行うことは難しかったといえよう[20]。

２０１５年度の被災児童生徒就学援助を含めた就学援助全体の割合は、全国の15・４％に対して、被災３県は岩手県13・４％、宮城県15・４％、福島県13・４％という水準であり、宮城県以外は全国

図表 5-11　被災３県と全国の就学援助率と被災児童生徒就学援助実施率

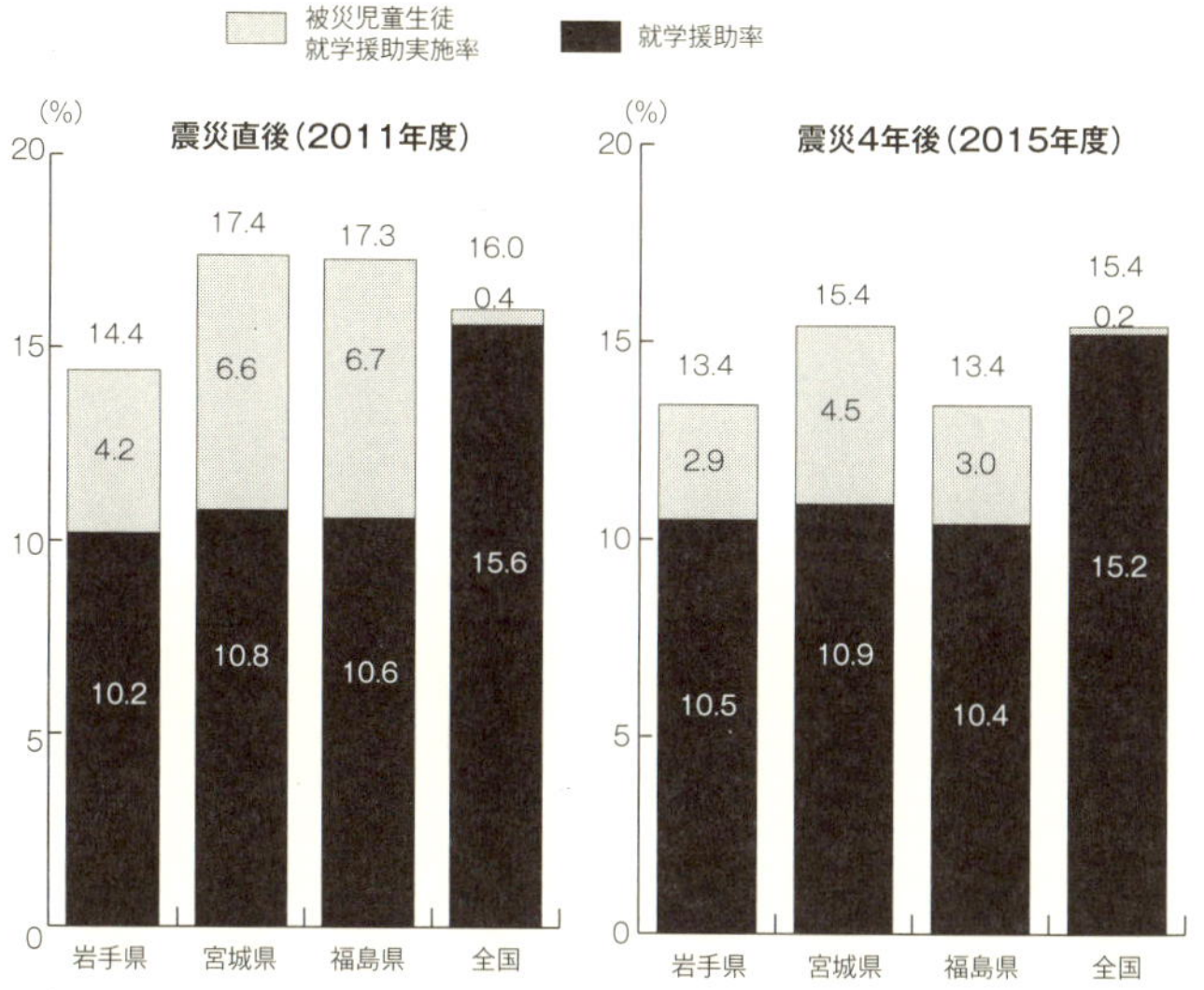

（出所）文部科学省「要保護及び準要保護児童生徒数について」。

平均を下回るとともに、いずれも震災直後の水準を下回っている。被災以外の通常の就学援助割合はほぼ同程度であり、国からの時限的な臨時特例交付金を財源としていた被災就学援助の割合が減少している。しかし、被災した子どもへの経済的な支援の必要性が低下した結果といえるのか疑問である。

東日本大震災の被災就学援助は10／10の国庫補助率（全額国庫補助）で実施されたが、熊本地震への対応は2／3の国庫補助率であった[21]。熊本地震の被災地では、被災後約3万人が仮設住宅で暮らしていたが、国庫補助率が10／10でなく、自治体持ち出しがあることから、被災就学援助が十分に活用されなかった可能性がある[22]。

子どもの貧困の状況には自治体間の格差があるため、就学援助制度の段階的改善には、国庫補助の復活など国費投入が必要である。申請負担を軽減するために、児童手当の付加給付とすることなども検討されるべきである。

自治体単独で可能なことは限定されるが、当面以下の諸点が考えられる。

(1) 自治体のホームページ・広報誌への掲載による就学援助制度の周知
(2) 教職員向け就学援助制度説明会の開催
(3) スティグマを軽減するため、就学援助の申請先を学校ではなく原則教育委員会あるいは福祉（子ども）担当部局とすること
(4) 多くの市町村が就学援助の認定基準としている「児童扶養手当の支給」などと連動させた手続の簡素化
(5) 学用品費等の公費化
(6) 給食費無償化の前提として、中学校給食未実施の解消

【注】

1　本章は、鳫咲子（２０１９）「就学援助制度の限界から考える学校給食費無償化」『跡見学園女子大学マネジメント学部紀要』第27号、32～44頁をもとにしている。
2　内閣府（２０２１）「子供の生活状況調査」。

郵便はがき

料金受取人払郵便

神田局
承認

2420

差出有効期間
2025年10月
31日まで

切手を貼らずに
お出し下さい。

101-8796

5 3 7

【受 取 人】

東京都千代田区外神田6-9-5

株式会社 **明石書店** 読者通信係 行

お買い上げ、ありがとうございました。
今後の出版物の参考といたしたく、ご記入、ご投函いただければ幸いに存じます。

ふりがな お 名 前	年齢	性別

ご 住 所 〒 -

TEL ( ) FAX ( )

メールアドレス	ご職業（または学校名）

*図書目録のご希望 □ある □ない	*ジャンル別などのご案内（不定期）のご希望 □ある：ジャンル（ ） □ない

書籍のタイトル

◆本書を何でお知りになりましたか？

□新聞・雑誌の広告…掲載紙誌名[ ]

□書評・紹介記事……掲載紙誌名[ ]

□店頭で　□知人のすすめ　□弊社からの案内　□弊社ホームページ

□ネット書店 [ ]　□その他[ ]

◆本書についてのご意見・ご感想

■定　価	□安い（満足）	□ほどほど	□高い（不満）
■カバーデザイン	□良い	□ふつう	□悪い・ふさわしくない
■内　容	□良い	□ふつう	□期待はずれ

■その他お気づきの点、ご質問、ご感想など、ご自由にお書き下さい。

◆本書をお買い上げの書店

[　市・区・町・村　書店　店]

◆今後どのような書籍をお望みですか？

今関心をお持ちのテーマ・人・ジャンル、また翻訳希望の本など、何でもお書き下さい。

◆ご購読紙　(1)朝日　(2)読売　(3)毎日　(4)日経　(5)その他[新聞]

◆定期ご購読の雑誌 [ ]

ご協力ありがとうございました。

ご意見などを弊社ホームページなどでご紹介させていただくことがあります。　□諾　□否

◆ご 注 文 書◆　このハガキで弊社刊行物をご注文いただけます。

□ご指定の書店でお受取り……下欄に書店名と所在地域、わかれば電話番号をご記入下さい。

□代金引換郵便にてお受取り…送料+手数料として500円かかります(表記ご住所宛のみ)。

書名	冊
書名	冊

ご指定の書店・支店名	書店の所在地域 都・道 府・県　市・区 町・村
	書店の電話番号　(　　)

3　同前。
4　文部科学省・前掲第2章注6によれば、公立小中学生全体の0・9％が給食費未納と推計されたが、その後の国による調査は行われていない。
5　文部科学省・前掲第1章注18。
6　年金や手当など他の制度で給付を受けることができる場合は、まずそれらを活用する原則。
7　藤澤宏樹（2007）「就学援助制度の再検討（一）」『大阪経大論集』第58巻第1号、57頁。松浦泰次郎（1956）「教科書給与の法律改正について」『文部時報』第946号、32頁。
8　日本弁護士会連合会第53回人権擁護大会シンポジウム第1分科会実行委員会編（2011）『日弁連子どもの貧困レポート—弁護士が歩いて書いた報告書』明石書店、97頁。
9　（財）全国修学旅行研究協会（2009）「修学旅行の実施概況調査／修学旅行の課題調査」『教科等との関わり方について』。
10　法律名が「子ども」であるのに「子供」という表記を使っていることについて、大綱には「本大綱では、法律名を除き、法令上の表記に関わらず、常用漢字表（平成22年内閣告示第2号）による表記を用いているが、法令上の用語と意味を異にするものではない」という記載がある。
11　子どもの貧困対策の推進に関する法律第1条。
12　「子供の貧困対策に関する大綱～日本の将来を担う子供たちを誰一人取り残すことがない社会に向けて～」2019年閣議決定。
13　文部科学省（2006）「就学援助に関する調査結果について」（教育委員会を対象に実施したアンケート調査）。
14　セーブ・ザ・チルドレン・ジャパン（2017・2018）「東北沿岸部における経済的に困難な状況

下の子育て世帯への調査結果」〈http://www.savechildren.or.jp/jpnem/jpn/pdf/tohoku_201711.pdf〉〈https://www.savechildren.or.jp/jpnem/jpn/pdf/tohoku_201811.pdf〉（2025年2月22日参照）。調査対象400世帯の内訳は、新小学1年生82人、新中学1年生183人、新高校1年生170人計435人の保護者であり、回答率99・0％であった。

15 文部科学省・前掲第1章注18。

16 鳫咲子（2013）『子どもの貧困と教育機会の不平等—就学援助・学校給食・母子家庭をめぐって—』明石書店、52、53頁。

17 文部科学省・（2015）「『平成25年度就学援助実施状況等調査』等結果」参考5–3。

18 石巻市教育委員会資料。

19 鳫・前掲注16、25、26、56、57頁。

20 鳫・前掲第1章注13、177頁。

21 文部科学省（2017）「就学援助実施状況等調査結果」参考資料。

22 NHK NEWS WEB「義務教育だけど不平等」（2018年5月8日）〈https://www3.nhk.or.jp/news/html/20180508/k10011430951000.html〉（2018年10月10日参照）。

第6章

韓国の無償化から考える給食の意義

給食・食育と環境政策、農業政策の連携

2023年に施行された「こども基本法」では、子どもにとっての最善の利益を保障する子どもの権利条約を尊重することがうたわれている[1]。たとえ親が給食費を納めない状況でも、その子どもから給食を奪うことはすべきではない。

この問題に隣国韓国では、所得制限のある給食費への選別的支援を転換し、普遍的支援である給食無償化を実施するという答えを既に出している。同時に、農薬や化学肥料をできるだけ使わず環境への負荷が少ない「親環境農産物」をできるだけ給食に使用する「親環境無償給食」を行っている。農業予算を使っていること、高校まで給食を実施していること、無償化の費用を市区町村などの基礎自治体だけでなく、都道府県に当たる広域自治体も負担していることなどが韓国の無償化の特徴である。

日本でも137の市町村の学校給食で有機食品を使用していて、増加傾向にある[2]。学校給食における地場産物使用の拡大は食育政策の目標であり、2023年度の全国平均で地場産物の使用割合は55・4%、国産食材の使用割合は88・6%である[3]。保護者が負担していた給食の食材費を無償化する場合、地域・国内の農水産物を購入する農水産業関連予算と位置付けることも検討に値する。また、東京都も2024年度から、市区町村の給食費支援額の半額を補助している。

オーガニック給食の実施で注目されることが多い隣国、韓国の学校給食は、中学よりも先に高校の給食が普及した。大学受験のため、韓国の高校生は夕食の時間まで学校で勉強するが、昼夜2食の給食を学校で食べる場合も多い。小中学校の給食の無償化が先行したが、2021年度から多くの地域で高校生の給食も無償となった。

日本では、1980年代の行政改革により効率が重視され、給食の民間委託やセンター化が進んだ。物価高騰の中で、委託業者が倒産し、突然給食が中止となる事態も生じている。対照的に韓国では、給食の質の向上を求めて、オーガニック無償給食を実現する運動の中で、各自治体で給食調理の直営化も図られた。

1　選別的福祉から普遍的福祉へ

海外にも、我が国の就学援助に類似した困窮家庭を対象とした給食費支援制度が存在する。その中で、隣国韓国のほとんどの自治体では、支援を申請することのスティグマ（恥辱感）に配慮し、困窮家庭への給食費支援という所得を基準とする選別的福祉から、全員を対象とする給食無償化という普遍的福祉へと２０００年代に入って大きく転換した。

女性を中心とした団体からの働きかけもあり、各自治体の首長・教育長選挙の争点となって、韓国全土に給食無償化が広がった。韓国では、既に高校生にも学校給食が実施されているが、２０２１年度にはソウル・釜山などで高校生の給食も無償化されている。また、制服の無償化も始まり、ソウル市では２０２１年度から高校新入生全員に「入学準備金」30万ウォン（約3万円）を支給している。

韓国の学校給食は、日本よりも開始が遅れ、１９９０年代に本格的に導入された。しかし、本格的導入後は、普及が加速し、高校まで実施されている。

２０００年代初頭までは、委託給食も多く、食中毒や給食費未納が問題となり、２００２年4月に保護者などを中心に、より良い給食の実施を求める「学校給食全国ネットワーク準備委員会」が結成された。同じ頃、農民団体は国際競争に疲弊する農業の現状を訴え、学校給食に地元産の農産物を使用することを求めるキャンペーンを行っていた。同年7月、当時の民主労働党が主催した学校給食法改正についての討論会に「学校給食全国ネットワーク準備委員会」や農民団体を含む多くの関係者が集い、委託から直営への転換・国産農産物の使用・無償化を求める運動を展開する契機となった。翌2003年に「学校給食全国ネットワーク」は「学校給食法改正と条例制定のための全国運動本部」を設立し、各地域で地元産の親環境農産物[4]を学校給食に使用することを支援する「学校給食支援条例」を制定するための市民運動が盛んとなった（写真6－1）。

2006年の学校給食法改正では、「自治体の長が学校給食に品質が優秀な農産物使用など給食の質向上のために食材費を支援することが

写真 6-1　「学校給食全国ネットワーク」事務局長をつとめたイ・ビンバさん（右）と著者（2021 年 12 月ソウルにて）

できる」と明記された。2010年の地方選挙に向けては、2200団体が連帯し、国産の農産物を使う親環境無償給食の意義を、1)教育そのもの、2)普遍的福祉の実現、3)地域経済の活性化、4)親環境農業の拡大、5)子どもの幸福[5]、に位置付ける共同行動を行い、親環境無償給食の実施を公約とした候補が大量に当選した。学校給食を所管する道教育監（広域自治体の教育長）も公選であるため、親環境無償給食の実施は教育監選挙の争点にもなった。

2　韓国における給食無償化の現状

韓国教育部「2022年学校給食実施現況」によれば、小・中・高・特別支援学校の100%、11987校で給食が実施され、全国531万人・人数比で99・8%が

図表 6-1　韓国の給食経費と保護者負担率（小〜高）

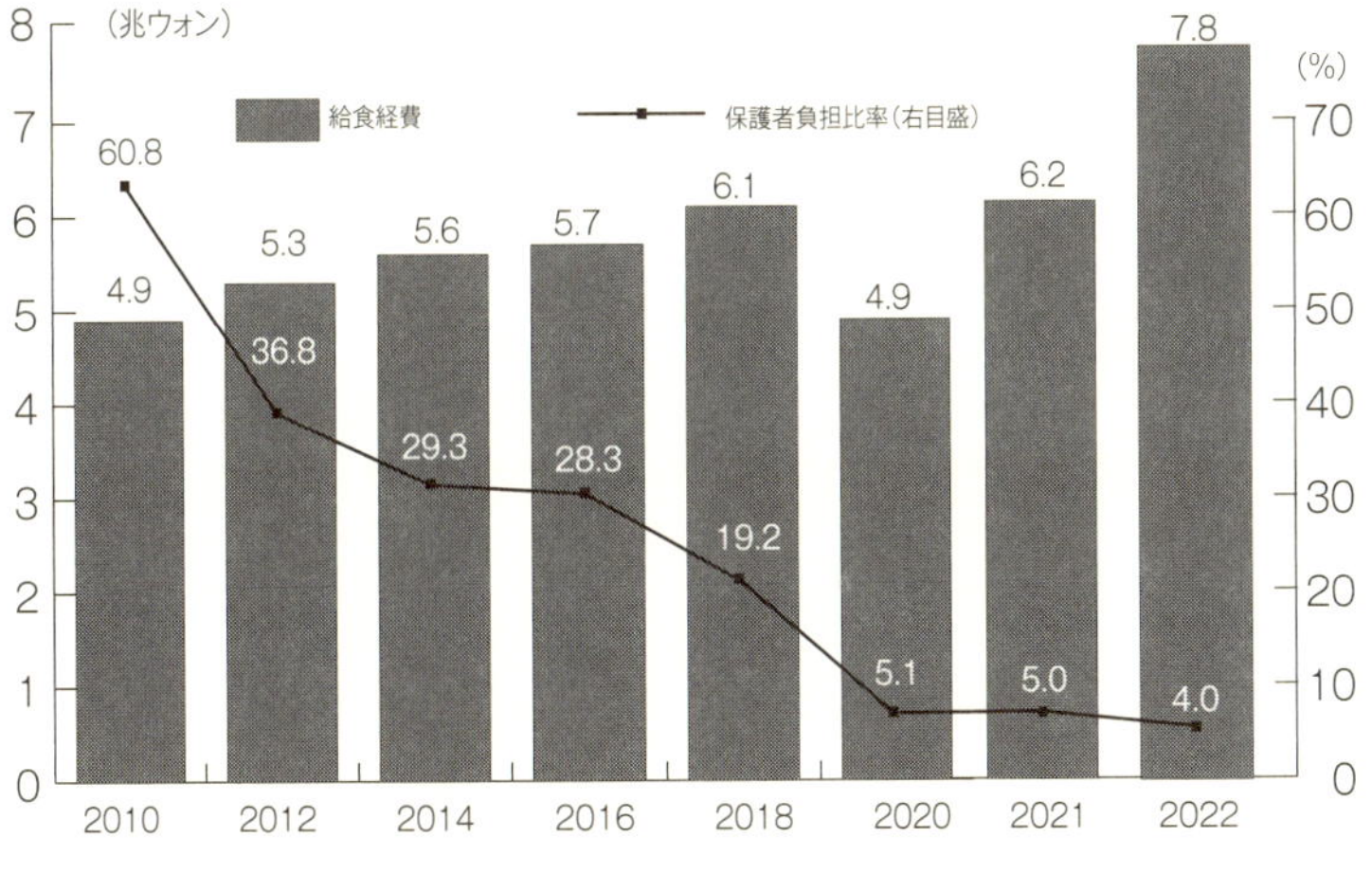

（注）2020年の給食経費の減少は、コロナ感染症による給食中断の影響である。
（出所）韓国教育部「学校給食実施現況」各年度。

給食を利用している。給食の運営形態は、直営が98％（うち単独調理80・5％、共同調理19・5％）、民間事業者への委託が2％（うち一部委託80・1％、全部委託（外部からの弁当運搬・運営委託）19・9％）である。給食実施のための経費は7兆831億ウォン（約7585億円）であるが、ほとんどの自治体で無償化されているため、保護者負担の割合は、21年度から多くの自治体で全学年の無償化を迎えた高校生分などの4・0％にとどまる（図表6–1）。残りの経費の負担は、教育費特別会計68・4％、自治体支援金25・0％、その他2・6％となっている。

2020年に地域農業ネットワーク協同組合連合会が韓国農水産食品流通公社に提出した「親環境農産物学校給食状況調査研究用最終報告書」によれば、学校給食は2019年度の親環境農産物の最大の供給先で39・0％を占めている。学校給食に供給される全農産物のうち親環境農産物は、重量で49・8％、金額で53・4％と推計されている。ほとんどの自治体で、一般の農産物との差額などを支援する優秀食材支援事業を実施しており、学校給食への農産物の供給支援に関する2019年度の予算は3018億ウォン（約301億円）である。

格差社会では、子どもの健康のために親環境農産物を選ぶ保護者もいれば、子どもの食事内容に気を配れない保護者もいる。この結果生じる健康格差を緩和する政策として、親環境無償給食は位置付けられている。また、親環境学校給食は、小規模生産者による親環境農産物について、新たに大きな市場を形成するという変化を韓国の農業にもたらした。しかし、近年の韓国は、日本以上に少子化が進み、子どもの人数も減少している。今後は、学校給食以外の未就学児・高齢者などを対象とする公共給食などに親環境給食を拡大することが地域政策としての課題となっている。

我が国の給食無償化は、市町村の財源で行われているが、韓国では、道教育庁、道や特別市などの広域自治体、市や特別市の区などの基礎自治体の３者が、無償化に必要な費用を分担して支出している。我が国においても、子どもが教育を受けるために必要なものを直接子どもに確実に届けることと、教育の場で子どもを「支援を受けている子ども」と「支援を受けていない子ども」に分断しないことが重要である。周囲の目が気になって就学援助を受けられない保護者がいる中、支援が必要な保護者と子どもにとって、心理的な負担の解消の意味は非常に大きい。また、保護者への現金支給よりも給食としての現物支給の方が子どもに確実に届けられ、納税者の理解も得られやすい。

就学援助という選別的現金給付を、教育の無償化すなわち普遍的現物給付へ転換すべき時期だと考える。そのための財源も現在の就学援助のように市町村の一般財源だけに求めるのではなく、国・県も直接負担し、子どものための財政支出の優先順位を高め、全国的に実施することが必要である。我が国の給食費無償化に必要な財源は、年間約４８６２億円[6]と試算されている。かつて子どもの医療費助成の制度が全都道府県に広がったように、給食費に関しても社会全体の関心が高まり、無償化の導入が進むことを期待したい。

【注】

1　本章は、鳫咲子（２０２２）「教育無償化に向けて―韓国の新環境給食の無償化を踏まえて―」『跡見学園女子大学マネジメント学部紀要』第34号、34～37頁をもとにしている。

2　２０２１年度『読売新聞』（２０２３年10月４日）。愛媛県今治市、千葉県いすみ市、東京都武蔵野市などの例が知られている。

3 金額ベース。文部科学省「令和5年度学校給食における地場産物・国産食材の使用状況調査」。

4 韓国国立農産物品質管理院は、親環境農産物（＝環境にやさしい農産物）として、有機農産物と無農薬農産物に関する認証制度を運営している。親環境農産物とは、環境を保全し、消費者により安全な農産物を供給するため、有機合成農薬および化学肥料などを全く使用せず、または最少量のみを使用して生産した農産物をさす。

5 韓国の給食無償化により、子どもの間のけんかが約35％減少したという研究があり、無償化が貧しい子どもだけの恩恵ではなく、子どもたちの仲間意識を育て、いじめなど問題行動を減らす効果を検討している。Altindag, Duha T. & Baek, Deokrye & Lee, Hong & Merkle, Jessica, 2020. "Free lunch for all? The impact of universal school lunch on student misbehavior," *Economics of Education Review,* 74,pp.1-18.

6 文部科学省（2024）「『こども未来戦略方針』を踏まえた学校給食に関する実態調査概要説明資料」。

第7章

物価高騰と学校給食

2023年秋に全国展開をしていた大手給食事業者が事業を停止し、特別支援学校や定時制高校の給食、高校の学食や寮などの食事の提供が突然なくなり、大きなニュースとなった[1]。また、食材費の高騰等により、給食事業者の6割以上で業績が悪化しているとの調査もある[2]。本章では、学校給食法が対象としている義務教育諸学校[3]および「夜間課程を置く高等学校における学校給食に関する法律」[4]が対象とする夜間定時制高校における給食を中心に、合理化が求め続けられている学校給食の物価高騰下における課題について考察する。

1 民間委託等合理化施策の経緯

1981年に設置された第2次臨時行政調査会は、「教育上の効果、健康の増進等の観点から学校給食を行うことの意義は認められるが、給食の費用については、基本的には受益者の負担とするのが適当である。共同調理場方式への転換、民間委託等運営の合理化を積極的に推進し、人件費等コストを縮減する」と合理化施策を推進した[5]。1984年には総務庁からも学校給食関係業務の簡素合理化についての勧告が行われた。勧告は学校給食が「1日1食のみを供給するものであること、土、日、祭日のほか、夏季、冬季および学年末の休業日等には実施しない」ことも合理化の根拠としていた[6]。

これらを受けて、1985年の文部省体育局長通達「学校給食業務の運営の合理化について」においては、「合理化の実施については、学校給食の質の低下を招くことがないよう十分配慮すること」としながら、「パートタイム職員の活用、共同調理場方式、民間委託等の方法により、人件費等の経営経費の適正化を図る必要がある」としている[7]。

１９８０年代から推進された学校給食の民間委託の推進等合理化施策は、もっぱら人件費の削減を目的としたもので、給食の質の向上や食育を意図したものではなかった。

２　合理化の現状と課題

直営調理を担う給食調理員について、主に退職者の不補充によって非常勤化が進められている。小中学校および共同調理場よりも夜間定時制高校、特別支援学校での非常勤化が著しい（図表７－１）。学校給食で働く全国の調理員数は３万９３９３人で、53・１％が非常勤である。会計年度任用となっている給食調理員の時給換算した報酬は１０１４円（全国平均）で[8]、調査時点での東京都の最低賃金１０１３円とほぼ等しい[9]。常勤の調理員が高齢化し、技能を継承できず、給食調理の運営が難しくなる中で、直営が民間委託に切り替えられている[10]。

学校給食の運営工程のうち、調理、運搬、食器洗浄は民間委託が50％以上に達している（図表７－２）。学校給食の調理方式には、単独調理場（自校）方式、共同調理場（センター）方式、その他調理（デリバリー等）方式がある。どの方式でも民間委託は可能であるが、特に中学校給食のデリバリー方式の調理は、直営での実施ではなく民間委託中心となる。小学校より給食実施が遅れた中学校では、費用面からデリバリー方式が導入されるケースも多い。

文部省の諮問機関であった保健体育審議会からは１９９７年に「学校栄養職員が個々の給食実施校

に配置され、これにより、児童生徒の実態や地域の実情に応じて、豊かできめ細かな食事の提供や食に関する指導が行われることが望ましい。したがって、このような食に関する指導等が可能となるような単独校調理場方式への移行について、運営の合理化に配慮しつつ、児童生徒の減少等に伴う共同調理場方式の経済性や合理性と比較考量しながら、検討していくことが望ましい」との考え方も示されている[11]。合理化施策については、栄養教諭・栄養職員と給食調理員との連携体制の確保、委託業者の質の確保、入札不調の発生が課題として指摘されている[12]。

図表 7-1　公立学校給食調理員の非常勤化（04 → 23 年）

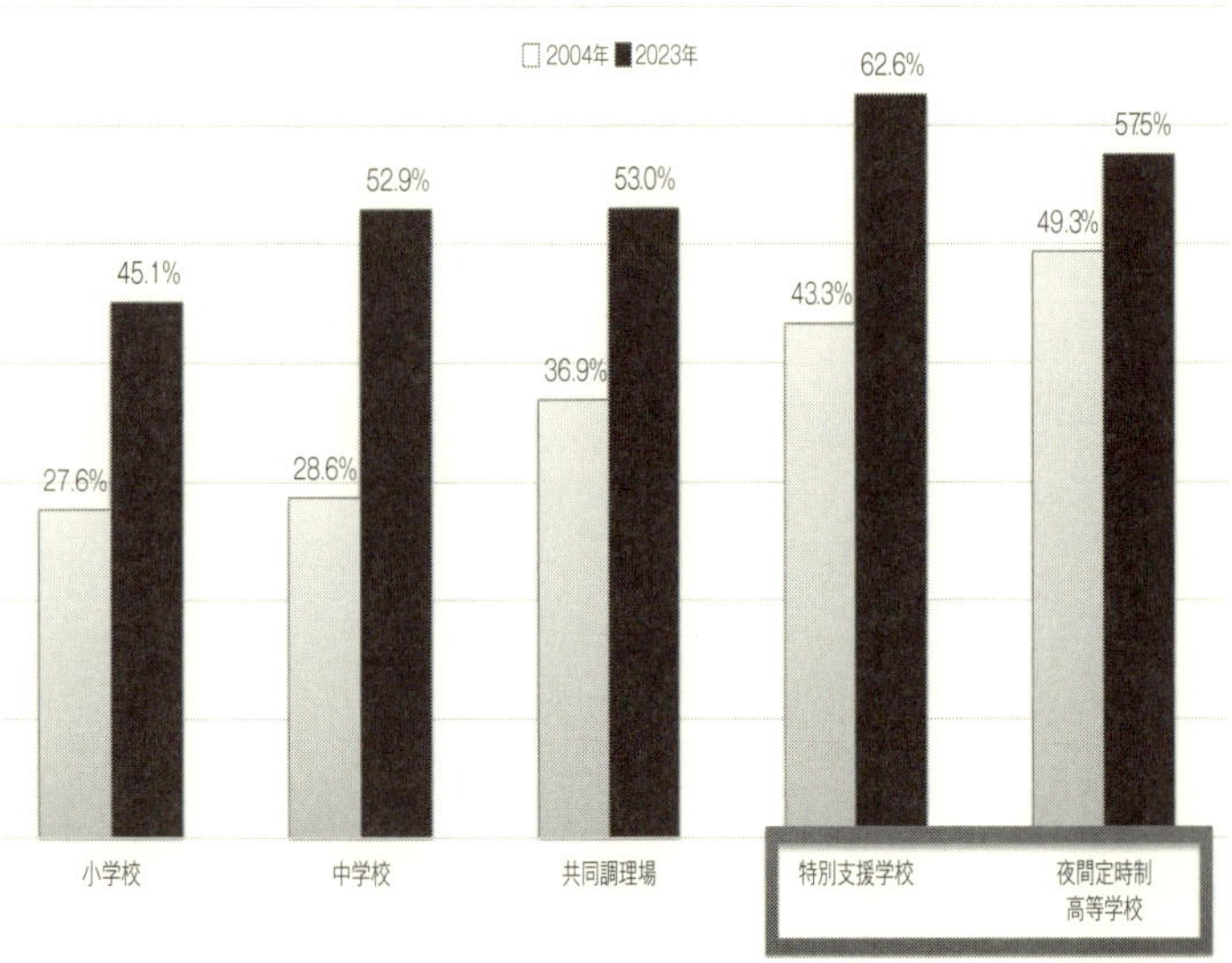

（注）委託業から派遣されている調理員を含まない。中学校には中等教育学校前期課程を含む。
（出所）文部科学省「平成16・令和５年度学校給食実施状況調査」。

非正規給食調理員の低賃金も深刻な問題である[13]。

３　物価高騰への対応

２０２０年を１００とする食料の消費者物価指数は、２０２４年11月に１１９となっており、２０２１年９月以降急激に上昇している（図表７－３）。

政府は、２０２２年４月のコロナ禍における「原油価格・物価高騰等総合緊急対策」において、「地域の実情に応じ、これまで通りの栄養バランスや量を保った学校給食等が実施されるよう、新型コロナウイルス感染症対応地方創生臨時交付金を拡充・活用し、コロナ禍において物価高騰等に直面する保護者の負担軽減に向けた自治体の取組を強力に促し、必要な支援を迅速に行う」こととした[14]。

これにより、自治体の自主財源以外の給食無償化財源として、既存の国の地方創生臨時交付金に「コロナ禍における原油価格・物価高騰対応分」が追加された。２０２２年７月時点において、この臨時交付金や自己財源によって、学校給食費の保護者負担軽減を実施又は実施を予定している自治体は８割を超えていた（図表７－４）。２０２２年度に給食費を無償にした自治体は４５１市区町村と全国の約３割に及ぶ[15]。

食材費高騰の影響を受け、給食の献立の作成が難しくなり、給食費の値上げを行わないと今まで通りの給食が提供できないという事態が生じている。同じく値上げが相次いでいる光熱水費については、学校設置者の負担にすることが望ましいとされているが[16]、その実態は明らかではない。

図表 7-2　学校給食における民間委託状況

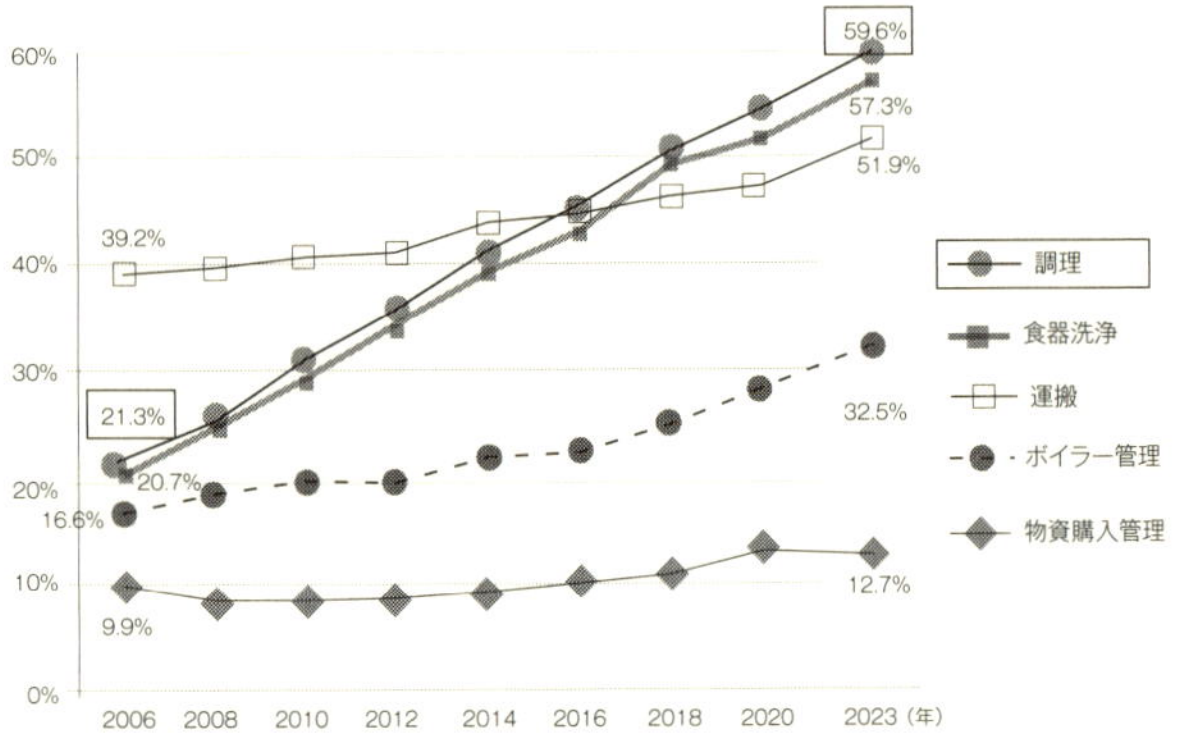

（出所）文部科学省「学校給食実施状況調査」各年度より作成。

図表 7-3　食料の消費者物価指数の推移

食料の消費者物価指数の推移（全国：2012 年 1 月～ 2024 年 11 月）

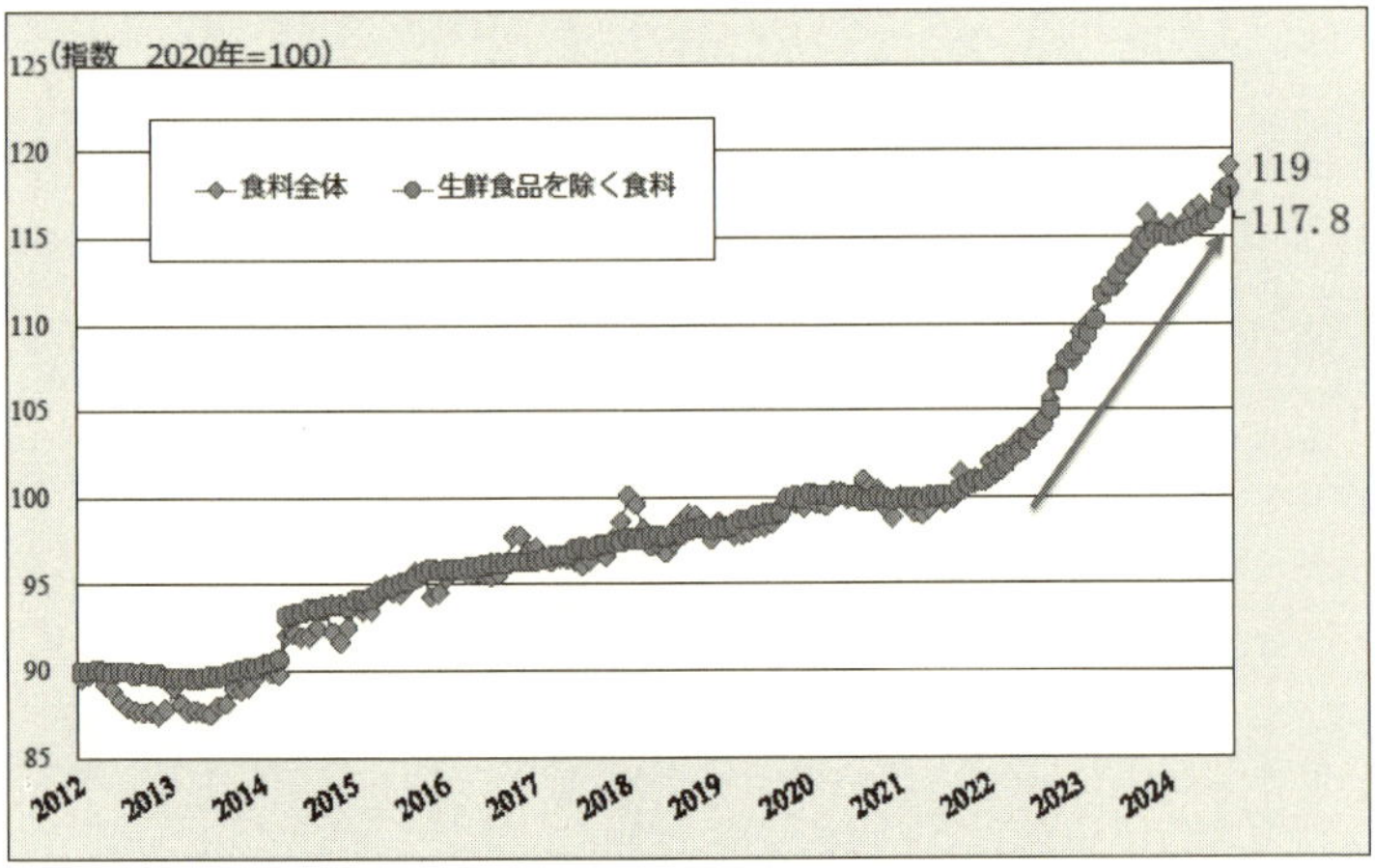

（注）生鮮食品は、生鮮魚介、生鮮野菜、生鮮果物。2014年 4 月および 2019年10月の上昇は主に消費税率引上げによるもの。

（出所）農林水産省「我が国における食料の消費者物価指数の推移」。

4　なぜ給食費の値上げは難しいか

学校給食の経費のうち施設設備費・修繕費・人件費は学校の設置者の負担であるが、食材費は保護者負担とされ給食費として徴収されている[17]。完全給食を実施している公立学校で年間の平均給食実施回数は、小学校１９２回、中学校１８８回、夜間定時制高校１７７回となっており、一食当たりの給食費は、小学校２６９円（年間負担額５１５６８円）、中学校３１４円（同５９０３７円）、夜間定時制高校３３２円（同５８７８４円）となっている[18]。小中学校の給食費は過去5年で約８％、10年で12％も上昇している。食材費高騰の影響を受け、給食の献立の作成が難しくなり、無償化を行わない場合は、値上げを行わないと今ま

図表 7-4　臨時交付金等を活用した学校給食費の保護者負担軽減

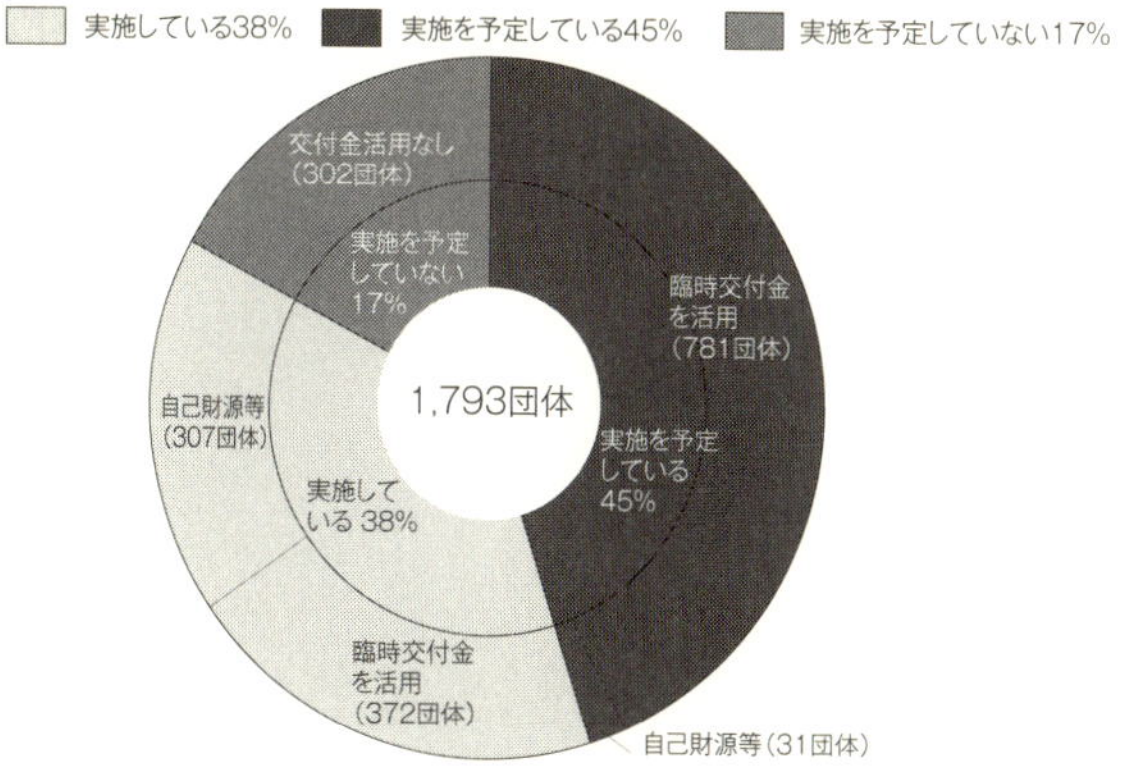

（注）令和4年7月29日時点。学校給食を実施する都道府県教育委員会、市（指定都市を含む）区町村教育委員会 1,793団体（事務組合を含む）の回答に占める割合。「実施している」は既存の地方創生臨時交付金の活用。「実施を予定している」は「コロナ禍における原油価格・物価高騰対応分」を活用予定。「実施を予定していない」の主な理由は、「現時点では、学校給食費の値上げを行う予定がない」となっている。

（出所）文部科学省（2022）「学校給食費の保護者負担軽減に向けた取組状況」。

で通りの給食が提供できないという事態が生じている。
義務教育であっても塾などの費用を除いて、公立小学校で1人年間約12万円、公立中学校では約19万円もかかる（文部科学省「令和5年度子供の学習費調査」前掲図表5-9）。また、給食費は、小中学校ともに年間5万円以上を占め、子育て家庭にとって重い負担となっている。そのため、物価上昇が続いても給食費の値上げについて保護者の理解を得ることが難しい。学校給食法には食材費の保護者負担が明記されているが、文部科学省は自治体による全額補助を否定するものではないとし[19]、すでに無償化している自治体も多い。第4章で述べたように、法制定時にも給食費を支援する生活保護の対象とならない生活困窮層への支援が課題となり、1956年の学校給食法改正により、生活保護受給者に準ずる給食費未納者など準用保護者へ給食費等を支援する就学援助制度が創設された。

【注】

1 『読売新聞』（2023年9月7日）など。本章は、鳫咲子（2024）「物価高騰下の学校給食の課題」『跡見学園女子大学マネジメント学部紀要』第38号、29～37頁をもとにしている。

2 帝国データバンク（2023）「学校給食など「給食業界」動向調査（2022年度）」。ただし、この調査での給食事業者には、学校給食以外の食堂運営、弁当配送を含む。

3 昭和29年法律第160号。学校教育法に規定する小学校、中学校、義務教育学校、中等教育学校の前期課程又は特別支援学校の小学部若しくは中学部をいう（法第3条）。

4 昭和31年法律第157号。

5 臨時行政調査会（1983）「行政改革に関する第五次答申（最終答申）」。

6　総務庁（１９８４）『学校給食及び学校安全の現状と問題点』大蔵省印刷局、５〜６頁。最近でも、総務省（２０２１）「地方公共団体における行政改革の取組（令和３年３月31日公表）」３頁で学校給食調理業務以外の時間帯に受託事業者へ有料貸出されている学校給食センターの例が紹介されている。

7　昭和60年１月21日（文体給57）。

8　総務省（２０２１）「令和２年度地方公務員の会計年度任用職員等の臨時・非常勤職員に関する調査結果」。パートタイム会計年度任用の給食調理員の１週間当たり勤務時間は23時間15分以上31時間未満が最も多いことから、１週間当たりの報酬は２３５７６〜３１４３４円程度と想定される。厚生労働省「職業情報提供サイト（jobtag）」によれば、民間の給食調理員の年収は３３９・５万円（45・８歳）となっている。

9　厚生労働省（２０２１）「令和２年度地域別最低賃金額改定状況」。

10　全国学校給食を考える会（２０１７）「学校給食ニュース」ｖｏｌ．１９１５頁。

11　保健体育審議会（１９９７）「生涯にわたる心身の健康の保持増進のための今後の健康に関する教育およびスポーツの振興の在り方について（保健体育審議会答申）」。

12　樫原正澄ほか（２０２２）「大阪府内学校給食の変遷と今後の課題」『経済論集』71巻４号３２２頁。全国学校給食を考える会（２０１７）「学校給食ニュース」ｖｏｌ．１９１　１、２頁によれば、２０１７年に京都府宇治市、２０１５年に静岡県浜松市、２０１３年に東京都狛江市でも民間事業者の急な倒産・契約解除等により学校給食が提供できなかった事例がある。

13　上林陽治（２０２０）「公務の間接差別の状況と会計年度任用職員制度の問題点」竹信三恵子編『官製ワーキングプアの女性たち』岩波書店、25〜26頁によれば、給食調理員は、正規では77・８％、非正規では97・１％と女性の割合が高くなっている。

14 原油価格・物価高騰等に関する関係閣僚会議（令和４年４月26日）。

15 『日本農業新聞』（２０２３年２月22日）。

16 「学校給食の実施に関する事務処理および指導の指針について」（昭和48年６月文部省体育局）。

17 学校給食法第３条、学校給食法施行令第２条、「学校給食の実施に関する事務処理および指導の指針について」（昭和48年６月文部省体育局）。

18 文部科学省・前掲第３章注８。

19 「第１９７回国会参議院文教科学委員会会議録第６号」（２０１８年12月６日）19頁における柴山文部科学大臣の答弁。

第8章

自治体で広がる給食無償化

1　就学援助の改善策としての給食無償化

2023年12月に閣議決定された「こども未来戦略」では、学校給食無償化に向けて、無償化を実施する自治体における取組実態や成果・課題の調査を行い、具体的方策を検討することになっていた[1]。これを受けて、2024年6月に文部科学省は、2023年に実施した学校給食に関する実態調査の結果を発表した。文部科学省による給食無償化についての調査は、2017年度の調査に次いで2回目である[2]。この2回の調査を比較しながら、本節では、無償化の経緯と現状、学校給食実施の現状を踏まえつつ、学校給食の意義から無償化について考える。

憲法第26条には、教育を受ける権利、子どもに教育を受けさせる保護者の義務と併せて、義務教育の無償が規定されている。公立小中学校は授業料が無償であり、国私立も含めた義務教育の小中学生は教科書が無償である。これだけが義務教育の無償の内容であり、それ以外は、給食費をはじめ、一人年間公立小学生で約12万円、公立中学生で約19万円がかかる（文部科学省「令和5年度子供の学習費調査」）。これらの学校に通うための費用の保護者負担を解消し、公費化することが子どもの貧困の改善策の一つとなる。

2010年以降、給食費などの支援を行う就学援助とは別に、人口規模の小さな町村を中心として、過疎・少子化対策あるいは子育て支援策として、小中学生の給食費の補助制度を設ける自治体が増えていた。2017年度の最初の文部科学省の無償化調査で、就学援助とは別に小中学校の給食費の補助制度を設けている自治体は、全国の約3割、506自治体であった[3]。これは、2015年時点の全国の約1割、199自治体から急速に増えている[4]。自治体の単独事業であるが、地方創生推進交付金を充てている例がある。また、自治体の給食費補助の内容は、一部補助が424自治体、小中学校ともに無償が76自治体、小中学校どちらかが無償が6自治体であった。

無償の76自治体の7割以上が人口1万人未満の町村で、人口3万人未満の町村に広げると9割以上を占めていた。残りも人口3～7万人台の規模の小さな市であった。一部補助には、3人目の子どもからと多子世帯に補助している東京都葛飾区のような人口45万人以上の自治体も含まれていた。

就学援助制度は、東京や大阪など規模の大きい自治体では、4人に1人の子どもが支援を受けるほど活用されている。しかし、申請主義で運用される就学援助制度は、規模が小さな町や村では都市部と比べて、あまり活用されていない[5]。東日本大震災で被災した石巻市では、被災した子どものほとんどが申請する被災枠の就学援助ができて、大幅に給食費未納が減った。特に小さな自治体では、特定の子どもに対する就学援助による給食費支援より、子ども全員の給食費を無料にする方が地域住民の理解を得られやすいと考えられる。

例えば、青森県南部町は、小中学校の給食費無償化に、地方の人口減少問題対策として国から配分された地方創生交付金を充てた。民間研究機関「日本創成会議」から少子化が進み、若年層が流出する「消滅可能性都市」の一つに挙げられたことが給食無償化のきっかけになった[6]。群馬県みどり市は、市営の競艇事業の収入を充てて学校給食の完全無料化を行った[7]。

子ども医療費助成制度について、以前国は過剰受診につながるとして国民健康保険の国庫負担金を減額するペナルティを科していた。給食の無償化は、子どもの医療費助成と比べ過剰に消費するという心配がない。被災地で子育て世帯が必要としている支援として、「子どもの就学にかかる費用の軽減」が最上位に挙げられていた（図表8－1）。2017年度の文部科学省の調査では、給食費無償化のきっかけとして、1)首長の公約・意向、2)議会における議論、3)自治体の施策の一環、4)PTAからの要望が挙げられている。調査の結果によってまとめられた無償化の目的と成果の例では、子どもがいる家庭の支援として、保護者の経済的負担の軽減、子育て支援を目的として設定した場合に、子ども、保護者、学校・教職員、自治体にメリットが大きい（図表8－2）。給食無償化によって現物給付とすることは、現在経済的な基準が設けられている就学援助による給食費支援を普遍化することの意義が大きい。

2017年度の調査では、無償化実施前、実施後の課題についても、まとめられていた（図表8－3）。無償化実施後の課題として挙げられている「食育への関心の低下や無償化を当然とする意識の高まりの懸念」については、他方で、無償化の目的に食育の推進、食育に関する成果も挙げられていることからも、理解に苦しむ。授業料が無償になると、教育の内容への関心が低下するとはいえないのと同様ではないか。詳しくは3で述べるが、約4割の自治体が無償化された沖縄県では、無償化の有無によって、保護者が給食で重視する点に差はみられなかった。

その後、コロナ禍の一斉休校時の2020年度に給食費を全額または一部無償にした自治体は115市区町村を超えた。突然の全国一斉休校の実施により、学校給食によって学期中の子どもの昼食が広く保障されていたことの意義が社会に再認識されたこともあり、無償化の目的も普遍的な保護者の経済的負担の軽減、子育て支援に重点が置かれるようになった。

　また、一部の保護者からは、無償化されると給食が「安かろう悪かろう」の状況になるのではという心配の声も聞かれる。無償化とは切り離した問題としても、給食の質をモニターできる試食の機会を増やすことは必要である。無償化されれば、それだけ税金の投入も増える。現在の保護者中心の試食の機会だけではなく、より多くの市民が実費で給食を試食する機会を増やし、給食の質を上げていくことが必要である。既に東京都葛飾区では区役所の食堂で、北海道伊達市では給食センターで学校給食メニューを取り入れたランチを提供している[8]。

2　無償化の課題——財源問題

　2023年度の調査では、小中学校とも全員全額無償化したのが547自治体、全国の約30・5%と

図表8-1　子どもや子育てに対して、現在必要としていること、重要だと思う支援等

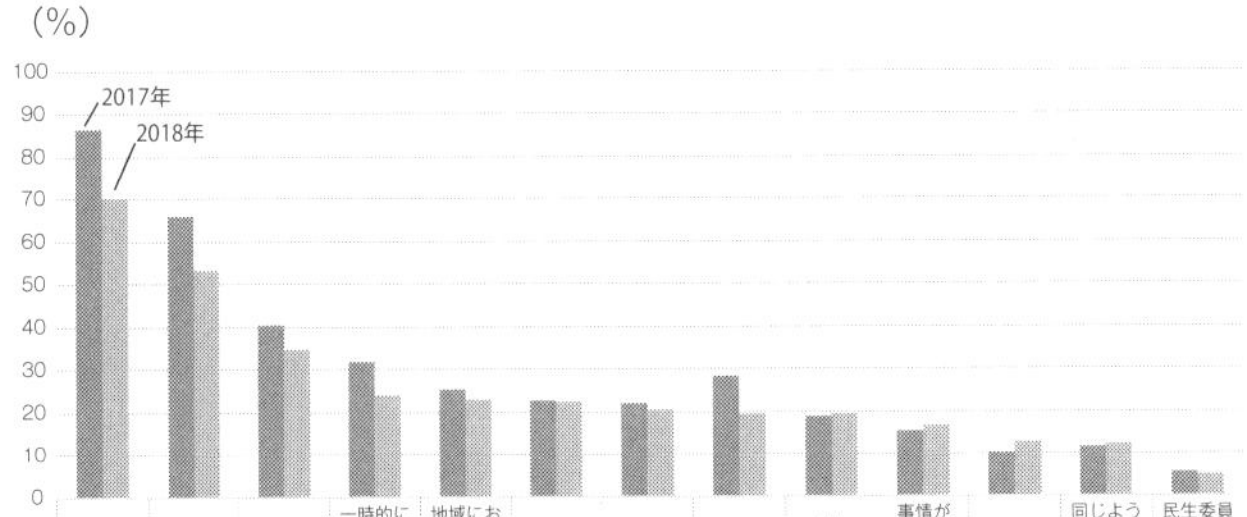

	子どもの就学にかかる費用の軽減	子どもに対する学習支援	住宅探し・住宅費軽減のための支援	一時的に必要となる資金を借りられること	地域において子どもの居場所が提供されること	保護者の就職支援	子どもや生活のことなど悩みごと相談	離婚・養育費などの専門的な支援	子どもに多様な活動の機会が提供されること	事情があったときに子どもを預けられること	病気や障がいなどの専門的な支援	同じような悩みを持った人同士で知り合えること	民生委員児童委員など地域の人からの支援
※2017年	86.4	65.9	40.4	31.8	25.3	22.7	22.0	28.3	18.9	15.4	10.4	11.6	5.6
※2018年	70.1	53.4	34.8	24.0	22.9	22.4	20.5	19.4	19.4	16.7	12.9	12.4	5.1

（出所）セーブ・ザ・チルドレン・ジャパン（2017・2018）「東北沿岸部における経済的に困難な状況下の子育て世帯への調査結果」。

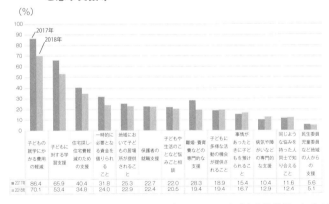

図表 8-2　給食費無償化の目的と成果

目的		保護者の経済的負担の軽減、子育て支援（子どもがいる家庭の支援）	食育の推進、人材育成	少子化対策、定住・転入の促進、地域創生（子どもや人口の増加を期待した支援）
成果	子ども	・給食費が未納・滞納であることに対する心理的負担の解消	・自治体（地域）への感謝の気持ちの涵養 ・栄養バランスの良い食事の摂取や残食を減らす意識の向上	
	保護者	・経済的負担の軽減、安心して子育てできる環境の享受 ・給食費納入に係る手間の解消	・親子で食育について話し合う機会の増加、教育への関心の増加	
	学校・教職員	・給食費の徴収や未納・滞納者への対応負担の解消	・食育の指導に関する意識の向上	
	自治体	・子育て支援の充実 ・食材費高騰による経費増加の際、保護者との合意を経ず措置可能		・少子化対策、定住・転入の促進

（出所）文部科学省（2018）「平成29年度の「学校給食費の無償化等の実施状況」及び「完全給食の実施状況」の調査結果について」より作成。

図表 8-3　給食費無償化の課題

実施前	実施後
○予算の確保、議会・住民の理解	○継続的な予算の確保、議会・住民の理解
○導入自治体の条例や運用事例等の情報収集	○制度の運用（制度の周知徹底、他の経済的支援制度利用者の調整など）
○制度の設計（無償化の対象範囲、アレルギーによる弁当持参者への助成など）	○食材費の高騰や転入者増への対応
○関係規程やシステムの改正・変更	○食育への関心の低下や無償化を当然とする意識の高まりの懸念　←　？
○保護者、学校、食材納入業者など関係者への説明	○無償化の成果の把握

（注）文部科学省（2024）「令和５年度学校給食費調査」によれば、公立中学校生徒に対する主食・おかず・ミルクがそろった完全給食実施率は97.8%（公立小学校児童では99.8%）である。

（出所）文部科学省（2018）「平成29年度の「学校給食費の無償化等の実施状況」及び「完全給食の実施状況」の調査結果について」より作成。

なり、2017年度の76自治体（同4・4％）の約7倍に増加している（図表8-4）。2010年度以前は、小中学校とも無償化の自治体はわずか6町村であった。人口規模の小さな町や村が過疎化・少子化対策として子育て世帯の転入を期待して給食無償化をはじめた[9]。

今回の調査でも、無償化に至った経緯として、無償化を実施した自治体の9割から「普遍的な保護者の経済的負担の軽減、子育て支援」が回答されている。無償化の成果として、「経済的負担の軽減、安心して子育てできる環境」（61％）のほか、「給食費徴収や未納者等への対応負担の解消」（28％）も挙げられている（複数回答）。給食費未納に関する国の調査は、2016年度以降行われていないが、依然多くの自治体・学校で課題となっていることが、この回答からも明らかになった。

文部科学省の調査によれば、無償化の財源は、ふるさと納税、寄付金を含む自己財源延べ555自治体（77％）に対して、臨時交付金233自治体（32％）であった（複数回答）。同時に「予算の確保」が課題との回答も132自治体（18％）からあった。

国は地方創生臨時交付金を拡充し、2022年7月時点において、臨時交付金や自己財源によって、学校給食費の保護者負担軽減を実施又は予定している自治体は8割を超えていた（前掲図表7-4）。

今回の調査による無償化の状況は、「小中とも全額」、「小中一方のみ全額」、「一部」に分類できる（図表8-5）。「一部」は、多子世帯、一部の学年、所得などの条件を設けている場合が該当する。東京23区内で最初に無償化を決めた葛飾区では、2013年度から多子世帯などに段階的に給食費補助を拡大してきた（図表8-6）。

何らかの無償化を実施した自治体は、2017年度では約3割だったが、2023年度は約4

割に増加した。一方、「実施なし」との回答または「無回答」は、2017年度は全国の約7割、2023年度も約6割存在する。この結果からは、多くの自治体は国の臨時交付金だけでは無償化は実現できず、無償化のための自己財源があるかどうかによる自治体間格差が生じているという課題が浮かび上がる。ただし、学校給食無償化の具体的方策を検討するために、自治体における取組実態や成果・課題を探る調査であったのにもかかわらず、回答率が全国の半分以下だったことも問題である。

2016年に、政府の経済財政諮問会議で民間委員から、子ども・子育て世帯の支援拡充として、給食無償化が提案された。給食無償化には、年間5120億円が必要と試算されていた[10]。2024年に発表された試算では、子どもが減ったこともあり、年間約4826億円だった。

2005年の食育基本法制定以降、学校給食は単なる昼食ではなく食育の「生きた教材」と位置付けられた。学校給食における地場産物使用の拡大は食育政策の目標となっており、2023年度の地場産物の使用割合は55・4%、国産食材の使用割合は88・6%である[11]。保護者が負担していた給食の食材費を無償化する場合、地域・国内の農水産物を購入する農水産業関連予算と位置付けることも一考に値する。また、韓国や東京都、青森県、和歌山県、沖縄県[12]のように、無償化の費用を市区町村などの基礎自治体だけでなく、都道府県に当たる広域自治体も負担することも検討すべきである。千葉県や香川県は、2024年から多子世帯の経済的負担を軽減するため、第3子以降の無償化を行っている[13]。

図表 8-4　市町村における小中学校とも給食費無償化の推移

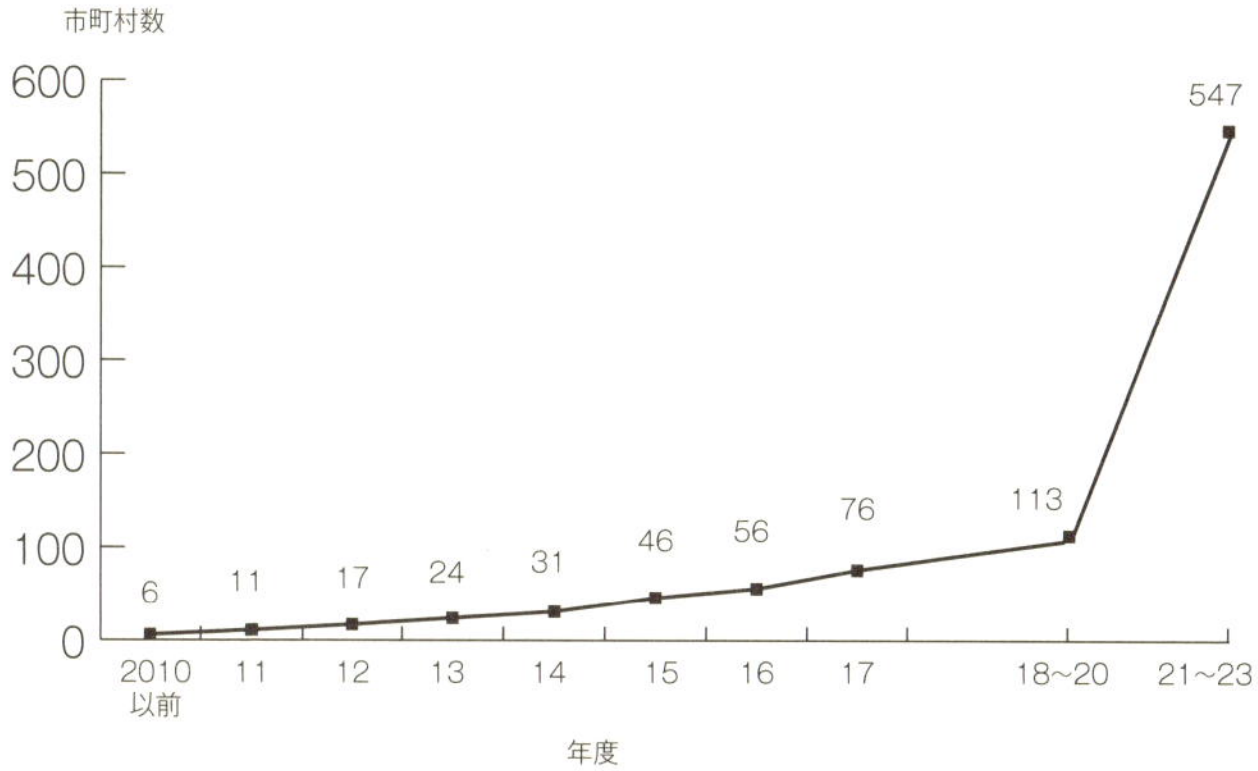

（出所）文部科学省（2018）「学校給食費の無償化等の実施状況」、文部科学省（2024）「学校給食費の無償化を実施する各教育委員会における取組の実態調査」、18～20年度の数値は各市町村の HP・新聞報道を元に推計。

図表 8-5　給食費無償化の状況（全国市町村）

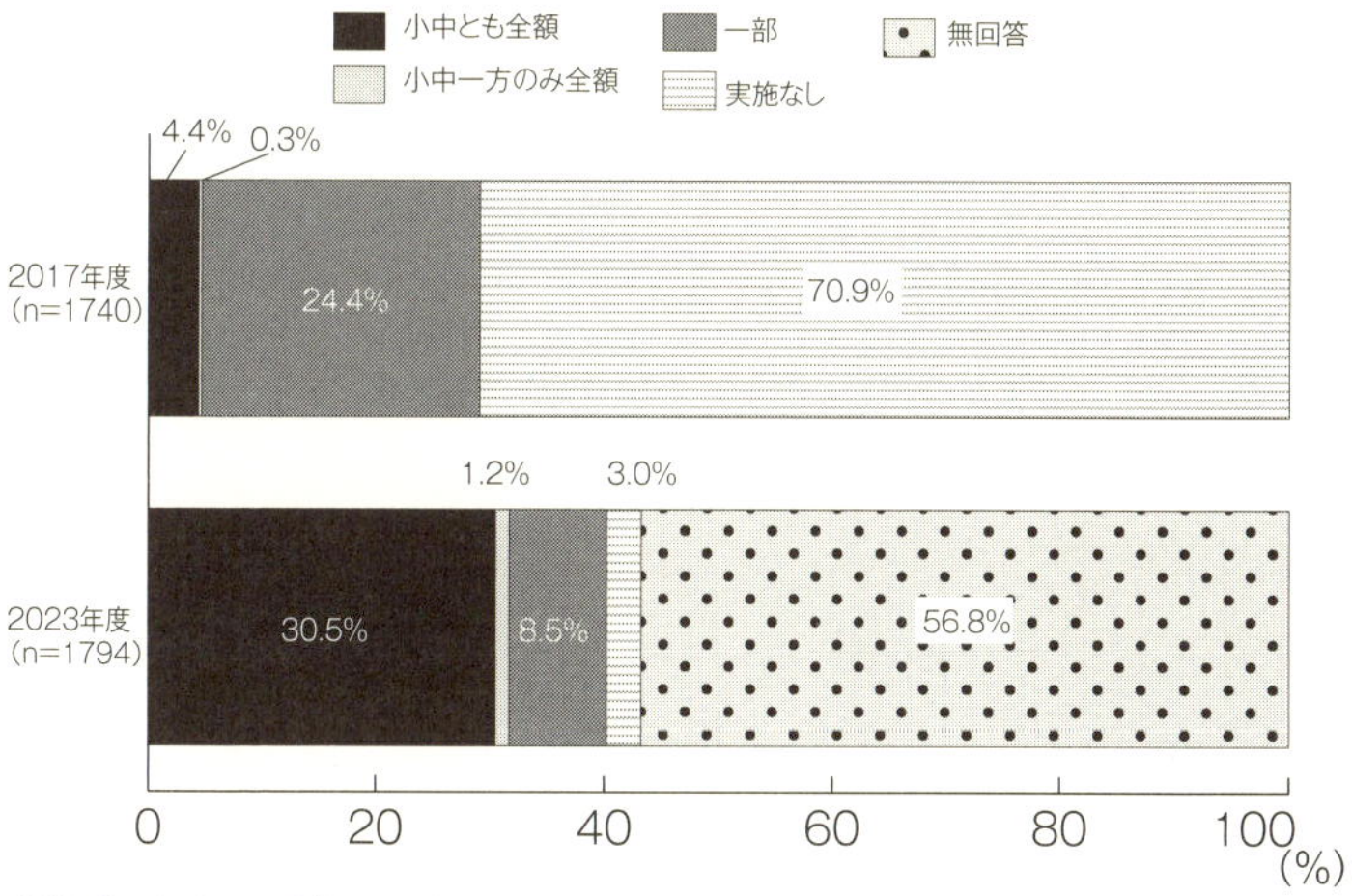

（注）「一部」は、「多子世帯」、「一部の学年」、「所得の条件」などの支援条件を設けている場合。

（出所）文部科学省（2018）「学校給食費の無償化等の実施状況」、文部科学省（2024）「学校給食費の無償化を実施する各教育委員会における取組の実態調査」。

3　無償化された自治体では

沖縄県では、知事主導で2025年度から中学生の給食費の半額を県が負担することになったが、それに先立って2024年に第2章でも紹介した県内小中学生全世帯を対象とした「学校給食実態調査」が実施された。この調査が実施された2023年7月時点で、沖縄県内16市町村[14]が独自に給食費を無償化していた。

第2章でも述べたように、給食が無償化されていない場合に「給食費について負担に感じる」との回答が39・5％あったが、給食費以外では、「中学・高校進学のために必要な費用（通信教育等含む塾代、制服代、体育着等）」、「習い事に必要な費用」に負担が大きいと感じる家庭が多かった。

給食費が負担となり子どもの教育や活動等に影響があったものとしては、「子どもに旅行や自然体験、社会体験、文化的体験させること」（52・2％）、「塾や習い事、部活動をさせたいが、経済的に難しい」（42・7％）、「衣類（制服や体育着を含む）、靴等の購入が経済的に難しい」（24・1％）、「本や学用品等を購入したいが経済的に難しい」（15・6％）という回答が多かった。

「給食費の負担が軽減された場合、軽減された分を何に使いたいか」という問いに対しては、「塾や習い事、部活動の費用」（62・4％）、「子どもに旅行や自然体験、社会体験、文化的体験をさせる費用」（48・8％）、「衣類（制服や体育着を含む）、靴等の購入費用」（34・1％）、「本や学用品等の購入費用」（33・3％）という回答が多かった。

この調査からは、進学のための費用等に負担を感じ、子どもに十分な体験の機会を与えられていないと感じる家庭が、給食が無償化されたら子どもの進学や体験のための費用を増やしたいと考えていることがわかる。

調査対象となった県下41市町村のうち、調査が実施された2023年7月時点で、沖縄県内16市町村が給食費を無償化して、残り25市町村は有償だった。「地場産物への興味関心を高め、郷土料理等の食文化への理解を深めること」、「コストパフォーマンスがよいこと（給食の量や栄養価が保証されている）」など保護者が給食において重視する点（複数回答）は、無償と有償の自治体で

図表 8-6　給食費完全無償化に至るまでの経緯

年度	補助対象内容
平成25年度	多子世帯に対する学校給食費補助制度開始 （区立小・中学校に３人以上児童・生徒が在籍している世帯の第３子以降の給食費が対象）
平成26年度	多子世帯に対する学校給食費補助対象拡大 （私立学校等に兄姉が在籍していても第３子以降の児童生徒が区立小・中学校に在籍している場合は対象）
平成27年度	多子世帯に対する学校給食費補助対象拡大 （第３子以降の児童・生徒が私立学校等に在籍する場合、兄姉が区立小・中学校に在籍してしていれば兄姉どちらかを対象） 学校給食用食材購入費補助開始 （１人１食当たり小学校6.5円 、中学校6.6円 ）
平成29年度	多子世帯に対する学校給食費補助対象拡大 （未就学児を含む中学生以下の子どもが３人以上いる世帯についても対象）
平成31年度	学校給食用食材購入費補助補助額増 （１人１食当たり小学校19.25円、中学校11.83円）
令和４年度	学校給食用食材購入費補助補助額増 （１人１食当たり小学校37.07円、中学校29.45円）【当初予算】（１人１食当たり小学校46.39円、中学校40.96円）【一次補正】
令和５年度	学校給食費完全無償化

（東京都葛飾区資料）

ほとんど差がなかった。
一方、「栄養バランス」「献立内容」「量」「品数」のいずれの点も無償自治体の方が「満足」との回答の割合が高かった（図表8−7）。有償自治体では、給食費の値上げが難しい場合、食材費等の高騰により給食の量質の低下がより深刻となっている[15]。有償の自治体では、自由意見でも品数・量が少ないとの意見も多数寄せられていた。

図表 8-7　給食の保護者が重視する点と満足度（有償無償自治体別）

重視する点にはほとんど差がないが、満足度は無償自治体が 3 ～ 6 ポイント高い

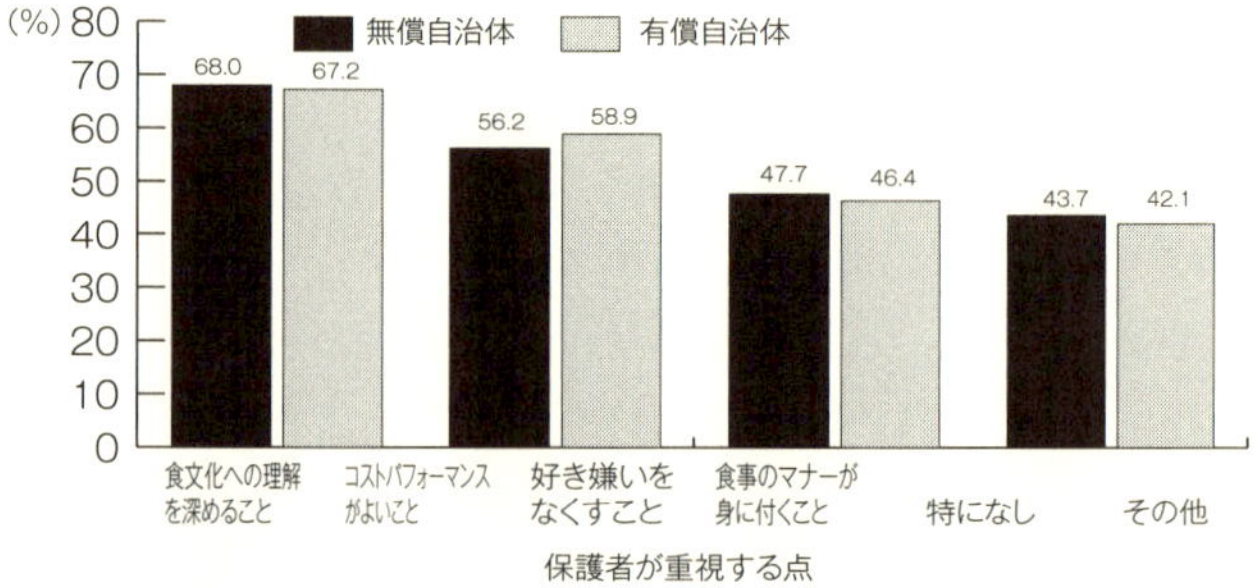

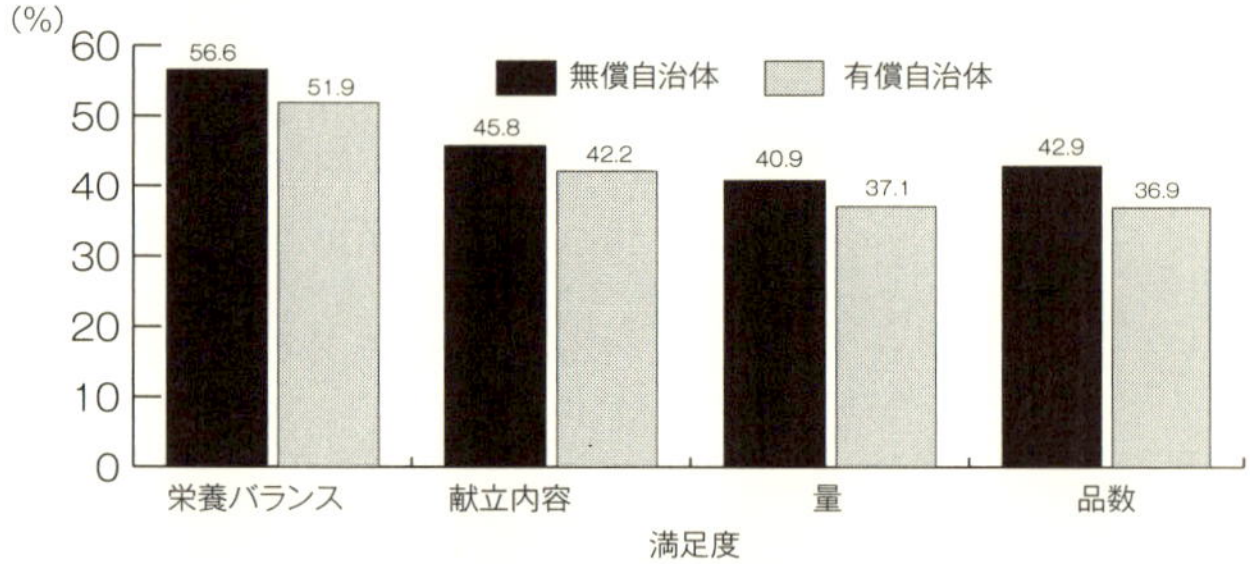

（出所）沖縄県（2024）「学校給食実態調査調査報告書」。

【注】

1　本章の記述は、鳫咲子（２０２４）「学校給食の意義と無償化の課題」『学校事務』第75巻第８号、22〜26頁を踏まえている。
2　文部科学省（２０２４）「こども未来戦略方針」を踏まえた学校給食に関する実態調査。
3　文部科学省・前掲第１章注25。
4　『毎日新聞』（２０１６年２月22日）、『教育新聞』（２０１６年４月６日）。調査対象の三分の一は、２０１４・５年度から補助を開始していた。
5　鳫・前掲第５章注16、２、64頁。
6　『朝日新聞グローブ１５９号』（２０１５年５月17日）。
7　『読売新聞』（２０１６年２月18日）。
8　葛飾区ホームページ〈https://www.city.katsushika.lg.jp/kosodate/1000057/1002476/1027011/1025903.html〉（２０２５年２月22日参照）、ふれあいだて歴史の杜食育センター〈https://www.fureai-date.jp/〉（２０２５年２月22日参照）。
9　最初に無償化を実施したのは、昭和20年代に戦後の給食が始まった頃から実施している山口県和木町。
10　内閣府・前掲第１章注29。
11　文部科学省・前掲第６章注３。
12　ATV NEWS（２０２４年２月20日）〈https://newsdig.tbs.co.jp/articles/atv/1009846?display=1〉（２０２５年２月22日参照）、琉球新報（２０２４・５・26）〈https://ryukyushimpo.jp/editorial/entry-3124295.html〉（２０２５年２月22日参照）、和歌山県ホームページ〈https://www.pref.wakayama.lg.jp/chiji/message/20240401.html〉（２０２５年２月22日参照）。

13　千葉県ホームページ〈https://www.pref.chiba.lg.jp/kyouiku/anzen/kyuushoku/gakkoukyuushoku/musyouka.html〉（２０２５年2月22日参照）。

14　名護市、宜野湾市、宮古島市、本部町、金武町、嘉手納町、北谷町、久米島町、与那国町、国頭村、宜野座村、伊是名村、座間味村、粟国村、渡名喜村、多良間村。

15　『毎日新聞』（２０２３年7月26日・２０２４年9月11日）では、物価高騰の影響も受け、文部科学省の学校給食摂取基準を満たしていない例が報道されている。

第9章

無償化と中学校給食

本章では、神戸市などの中学校のデリバリー給食の事例から、完全給食未実施を抱える一部の府県の中学校給食を、どのように改善すべきか考えたい[1]。全国で6万人以上の中学生が完全給食を食べることができない状態にあり、特に、佐賀、京都、岩手、福井、神奈川の各府県の公立中学生に対する完全給食実施率が低く、国として給食無償化を進める前提として、中学校の完全給食未実施の解消も対応を急ぐべき課題である。

1　中学校給食の現状と意義

1―1　全国の中学校給食の実施状況

小中学校の昼食には、「完全給食（牛乳、おかず、主食）」、「補食給食（牛乳とおかずのみ）」、「ミルク給食（牛乳のみ）」、「給食無し」の4パターンがある。公立学校における完全給食実施率（人数比）は、小学生が99・9％であるのに対して、中学生は97・8％と小学生とは開きがある[2]。公立小中学校で完全給食を実施しない理由として、給食施設・設備の問題、地理的理由、財政的理由を挙げたケースが小学校39校、中学校109校もあり、早期解消に向けて国や県の支援が必要である[3]。

小学校の給食は、都市部を中心に戦前から実施され、戦争中の中断や戦後の海外からの支援の時代を経て、1960年代後半に完全給食実施率は90％以上になった。一方、中学校は、戦前は義務教育ではなく、戦後、義務教育としてスタートしたため、完全給食の実施も小学校に遅れた。その後も、1970～2010年まで40年間も50～60％の実施率にとどまっていた。

図表 9-1　完全給食が実施されていない公立中学生の割合（生徒数比）

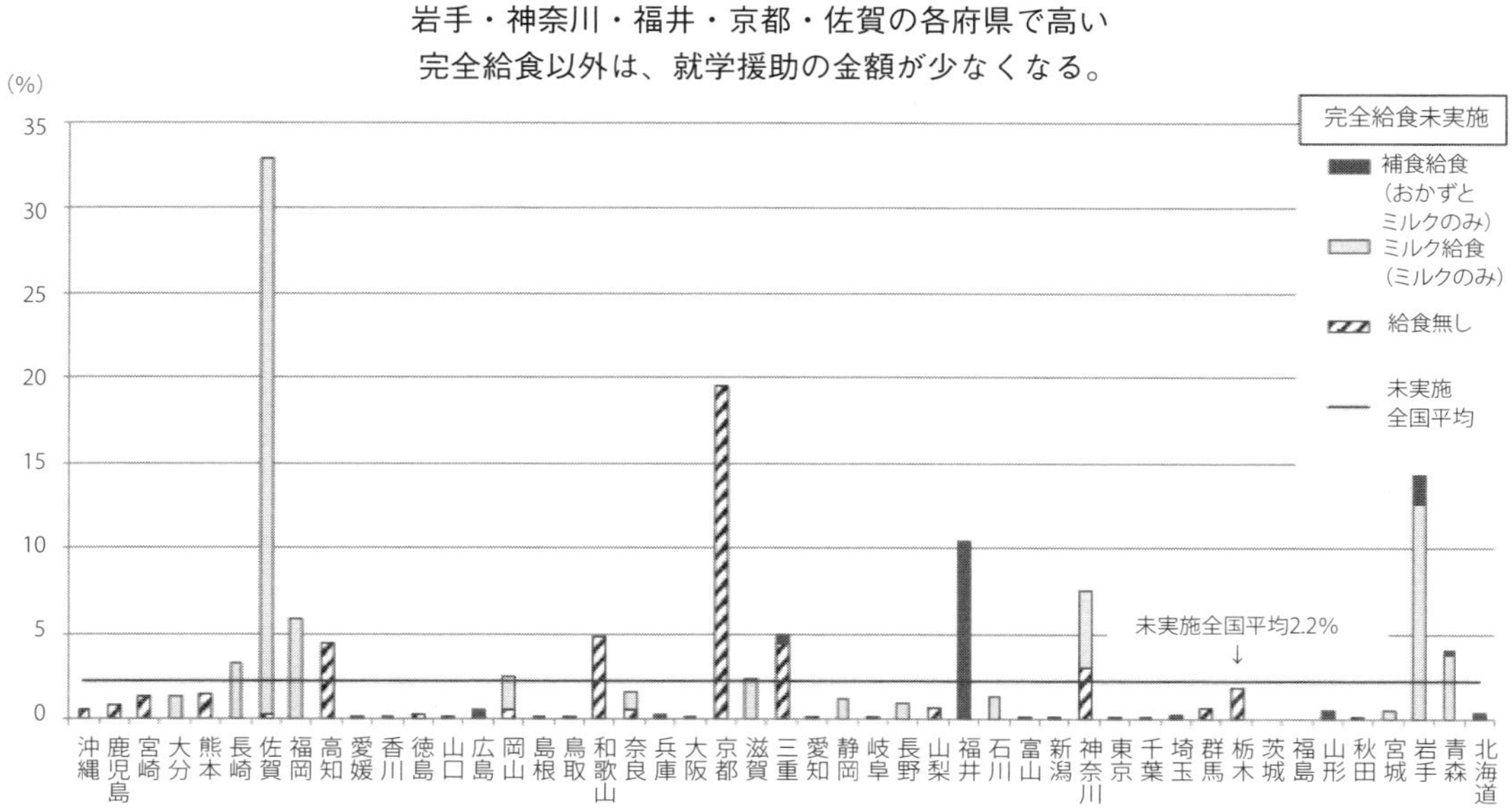

（注）全国の完全給食実施率（学校数比）は、公立中学生で 97.1％、公立小学生で 99.5％である。
（出所）文部科学省（2024）「令和５年度学校給食実施状況調査」。

公立中学校で完全給食が実施されていない地域を都道府県別にみると、大きな偏りがある（図表9－1）。東日本では岩手・神奈川、西日本では佐賀・京都・福井の各府県で未実施率が高い。

さらに、公立中学生の喫食率は89・2％にとどまり、不登校などの長期欠席、アレルギーによる弁当持参、給食選択制などの理由で、給食が実施されていても25万人以上の公立中学生が給食を食べていないことが、2024年に公表された文部科学省の調査で初めて明らかになった。

神戸市、横浜市のように、近年、学校給食をはじめたところでは、デリバリー方式の選択制として開始したところも多い。

1－2　家庭の食格差を埋める学校給食

朝食を食べずに登校する中学生は少なくない。2011年の神戸市の調査では[4]、朝食を食べる割合は、高学年になるほど低くなり、女子よりも男子が低くなっていた。食べない理由は、「食べる時間がない」「朝食が用意されていない」「いつも食べないから」との理由が高学年ほど多くなり、反対に「食欲がない」との理由は高学年になると減っていた。同じ神戸市の2019年度の調査でも朝食欠食が中学生7・4％、小学生6・0％いた[5]。この割合は、同じ年度の兵庫県全体（中学生7・2％、小学生5・1％）、全国（中学生6・9％、小学生4・6％）と比べてやや高めであり、朝食欠食の子どもは学力テストの正答率が低い傾向にあることがわかっている。

保護者自身が朝食を食べているかと、その子どもである中学生が朝食を食べているかの関係も2011年の調査では判明した。保護者が「必ず朝食を食べる」家庭では、その子どもの9割が「必ず朝食を食べる又はたいてい食べる」と回答したが、保護者が「朝食を食べない」家庭では、その子どもの4割が「食べない時が多い・食べない」と回答していた。調査に回答した保護者の性別は約96％が女性で、主に母親による回答と考えられる。「自営業・自由業」「フルタイムで勤務」の母親を中心に親も朝食欠食の家庭が多数存在している。

横浜市の調査では、「保護者の健康状態」が悪い場合に朝食欠食が多い傾向にあることもわかった（図表9－2）。給食には、このような家庭の状況による子どもの食生活の格差を小さくする働きがある。

2　デリバリー給食実施前の状況

2－1　給食のない中学校における昼食

2011年の神戸市の調査では、「ほとんど

図表9-2　保護者の健康状態別、朝ごはんの習慣

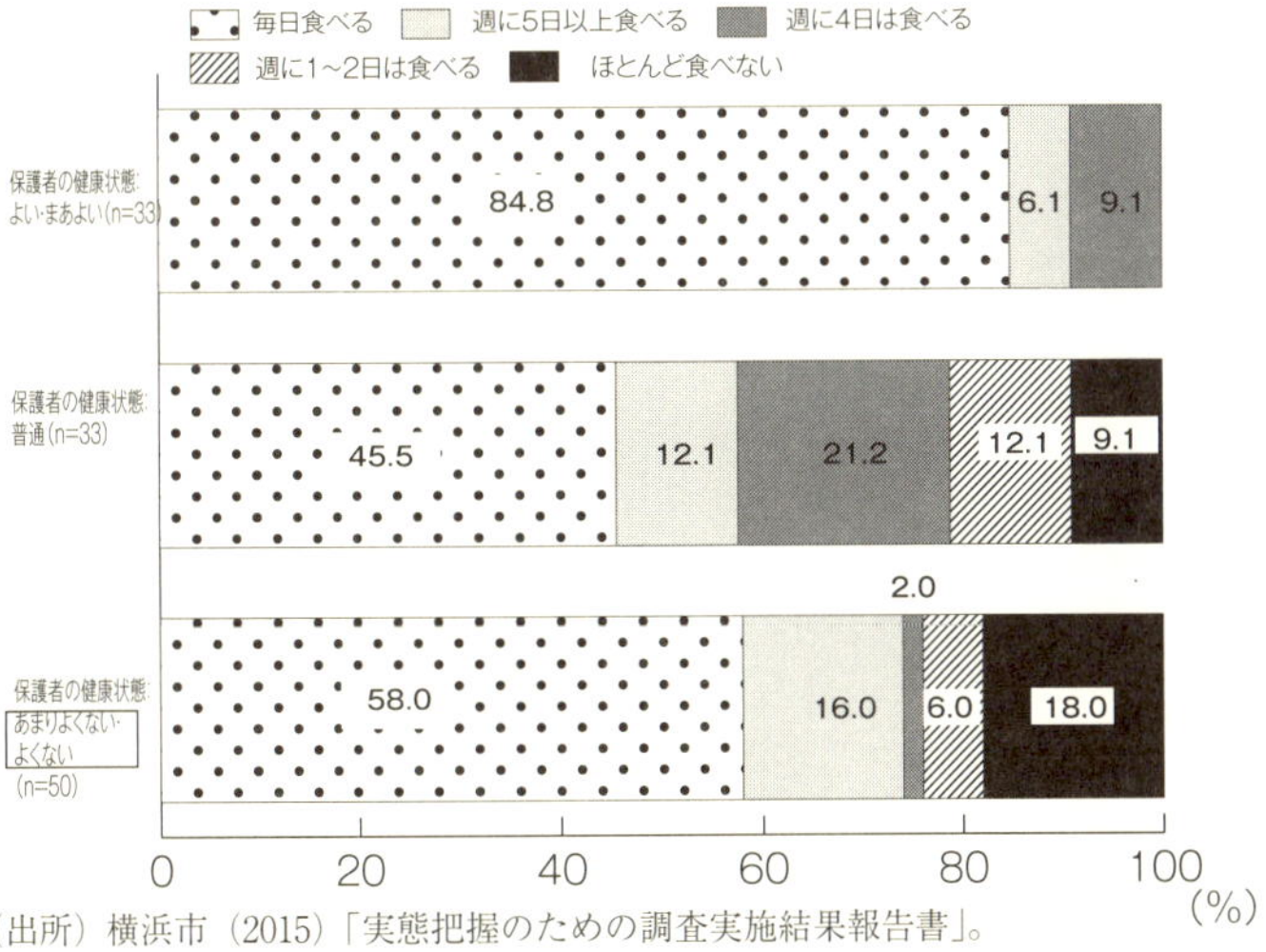

（出所）横浜市（2015）「実態把握のための調査実施結果報告書」。

毎日家庭弁当を持参する生徒」の88・3％は朝食を「必ず・たいてい食べている」、朝食を「食べない時が多い・食べない」生徒は5・7％であった。逆に、「ほとんど家庭弁当を持参しない生徒」の37％は朝食を「食べない時が多い・食べない」、朝食を「必ず・たいてい食べている」生徒は46・3％であった。朝食を食べないことが多く、昼食も弁当ではない生徒がいる。大阪市の調査でも、弁当をほとんど持って来ない中学生は朝食を食べる回数が少ない一方、毎日弁当を持って来ている中学生は朝食も毎日食べる傾向にあった[6]。朝食欠食と弁当を持って来ないことには、一定の関連がある。

食育の観点からは、自分で弁当を作ることを学んでほしいという意見もある。しかし、現実には、2011年の神戸市の調査が示すように「自分で作るか、手伝うことがある」のは、女子で約38％、男子は約24％にすぎない。男子の約74％、女子の約61％は、「作らないし、手伝いもしない」という状況であった。

2011年の調査において、神戸市の中学生は9割以上が家庭弁当を持参していたが、弁当を持って来ない生徒のためには、1食400～450円程度の事前申し込み制の校内弁当販売制度が2002年からあった。家庭弁当を持参しない生徒への昼食対策として、弁当販売制度が有効であると教職員の約8割が回答していた。しかし、校内弁当販売制度の利用率は、2002年度の発足当時は3・5％あったが、2010年度には、0・9％まで落ち込んだ。弁当をほとんど持って来ない生徒でも、この弁当販売を月に数回以上利用するのは3割以下で、7割以上は弁当販売を利用していなかった。

横浜市も2016年から「ハマ弁」と呼ぶ給食ではない事前申し込み制の弁当事業を導入したが、

喫食率20％の想定に対して、開始後4年を経過した２０２０年においても喫食率が7・3％にとどまり[7]、喫食率の向上が課題となっている。

２０１１年の神戸市の調査では、家庭弁当を食べている場合以外の弁当販売を利用しない理由は、男子では（コンビニなどと比べて）「弁当の価格が高いから」、女子では「弁当の量が多いから」、「他の人が利用していないから」、「近くのコンビニなどで弁当やパンを買うから」という回答が多かった。販売されている弁当は、女子の4割にとって量が多く、男子の2割にとっては量が少なかった。均一な量の業者弁当では、中学生では男女の食べる量が違うことが問題になった。これは、デリバリー方式のランチボックス給食になっても課題として残る。

横浜市でも味付けや献立といった「ハマ弁」の内容のほかは、「周りが食べていないからハマ弁を頼みにくい」という周囲が利用していないことや、「ハマ弁を取りに行くのに時間がかかる」「7日前に締め切られ、いざという時に注文できない」など注文システムの使い勝手が「ハマ弁」を食べない理由となっている[8]。

神戸市の２０１１年の調査で、家庭弁当が良い理由は、保護者では、「親子の絆」、「個々の成長への配慮」などとなっていた。保護者以外も含んだ一般市民では、「個々の成長への配慮」、「親子の絆」などとなっていた。家庭弁当支持の保護者のその他の意見としては、食券購入等の手間が不要、給食費の滞納者のために給食の質が低下する、他の家族の弁当とあわせて作る、アレルギーのある生徒の精神的負担の軽減などが挙げられていた。

2-2 給食実施のニーズにおけるジェンダー格差

完全給食の実施前の2008年頃の自治体の調査では、教職員の意見は完全給食必要が2、3割にとどまり、6、7割が給食実施に反対であったが、保護者の意見は約8割が完全給食実施を必要とするという結果だった[9]。中学生自身は、必要・不要の意見が約4割ずつだった。教職員が完全給食実施に反対する理由には、業務負担の増加、給食費滞納への対応の問題がある。

2011年の神戸市の調査では、中学生の昼食の望ましい形態について、学校給食派と家庭弁当派に分けて集計をした。他の自治体の調査に見られるように、保護者の約75%が学校給食派であったが、教職員の学校給食派は約17%にとどまり、家庭弁当派が約81%を占めた。しかし、働く母親もいると考えられる女性教職員は男性教職員と比較すると、学校給食派が多かった。

保護者でも、学校給食派が多いのは主に母親であった。さらに、保護者では、小学生以下の兄弟がいる場合、保護者自身が中学校給食を経験している場合、家事専業より就業している場合に学校給食派が多かった。保護者が給食を支持する理由は、「栄養」、「家庭での負担軽減」、「衛生管理等安全性の確保」などとなっていた。その他、給食支持の保護者の意見としては、部活動参加等のため早朝に作った弁当の衛生管理面の不安、好き嫌いが減る、給食で汁物や温かい食事の摂取ができること、弁当を作れない家庭環境の生徒も同じ食事摂取が可能なことなどが挙げられていた。

一般市民は、学校給食派約53%と家庭弁当派約49%とに二分された。一般市民も女性は男性より5ポイント程度学校給食への支持が高い。小学生・未就学児のいる世帯、30代、パートタイマーで勤務、親子2世代の核家族などで学校給食派が多かった。給食を支持する一般市民の理由は、「栄養」、「経済的に恵まれない生徒への配慮」、「家庭での負担軽減」などであった。多忙な母親ほど学校給食のニーズが高い。

中学生自身は、学校給食派約18％に対して家庭弁当派が約53％と多かったが、高学年になるほど「小学校のような給食がよい」と回答する生徒が多かった。大阪市と北九州市の調査では、中学生自身が完全給食実施に賛成する理由として「家庭での弁当作りの負担が軽減される」を挙げる割合は、保護者や教職員よりも高かった。中学生になると、忙しい親が弁当を作ってくれるのを見て「日々の弁当作りは、大変な作業である」と感じている。

子どもの食格差と学校給食の役割に関する研究があり[10]、給食以外の昼食で給食並みの栄養を中学生が確保することは、かなり難しい。朝食を食べない中学生が給食のない公立中学校に通っている場合、コンビニで弁当やパンを買うことも多いが、給食と比べて成長期に十分な栄養が確保できず、勉強などに身が入るか心配である。完全給食実施前の2011年の神戸市の調査結果では、働く母親を中心とする保護者は、切実に給食実施を希望していた。

2-3　教職員の葛藤

2011年の神戸市の調査で教職員が学校給食実施の課題と考えていることは、「配膳室の整備など設備上の課題」の回答率が最も高く、次いで「給食費の徴収・管理など教職員の時間的・精神的負担」、「残食」、「食物アレルギー・異物混入などのリスク」、「給食当番をまじめにやらない・いたずらをする等生徒指導上の課題」、「授業や部活動への時間の影響」の順だった。学校教育にとってのプラス面としては、「弁当を持参しない生徒にもバランスのよい食事提供」、「生徒の健康増進」は半数以上の高い回答率だった。しかし、「給食を利用し教科学習を深める」、「食育上の効果」は4分の1以下の低い回答率であった。

　教職員は、学校給食実施には様々な課題があると感じる一方で、生徒の生活習慣で心配なこととして、「就寝時間の遅さ」、「偏食」、「睡眠不足」、「欠食」を挙げていた。このうち、「偏食」、「欠食」の問題は学校給食と密接に関係する。保護者の心配のうち「就寝時間の遅さ」、「睡眠不足」が上位なのは教職員と一致していたが、「欠食」、「偏食」については教職員ほどの回答が見られなかった。中学生の食習慣については、我が子を中心に見る保護者と、様々な子どもを見ている教職員との違いだろうか。

　教職員の家庭弁当が良いという理由は、「個々の成長への配慮」、「親子の絆」、「教職員の負担

図表 9-3　中学生の給食の望ましい形

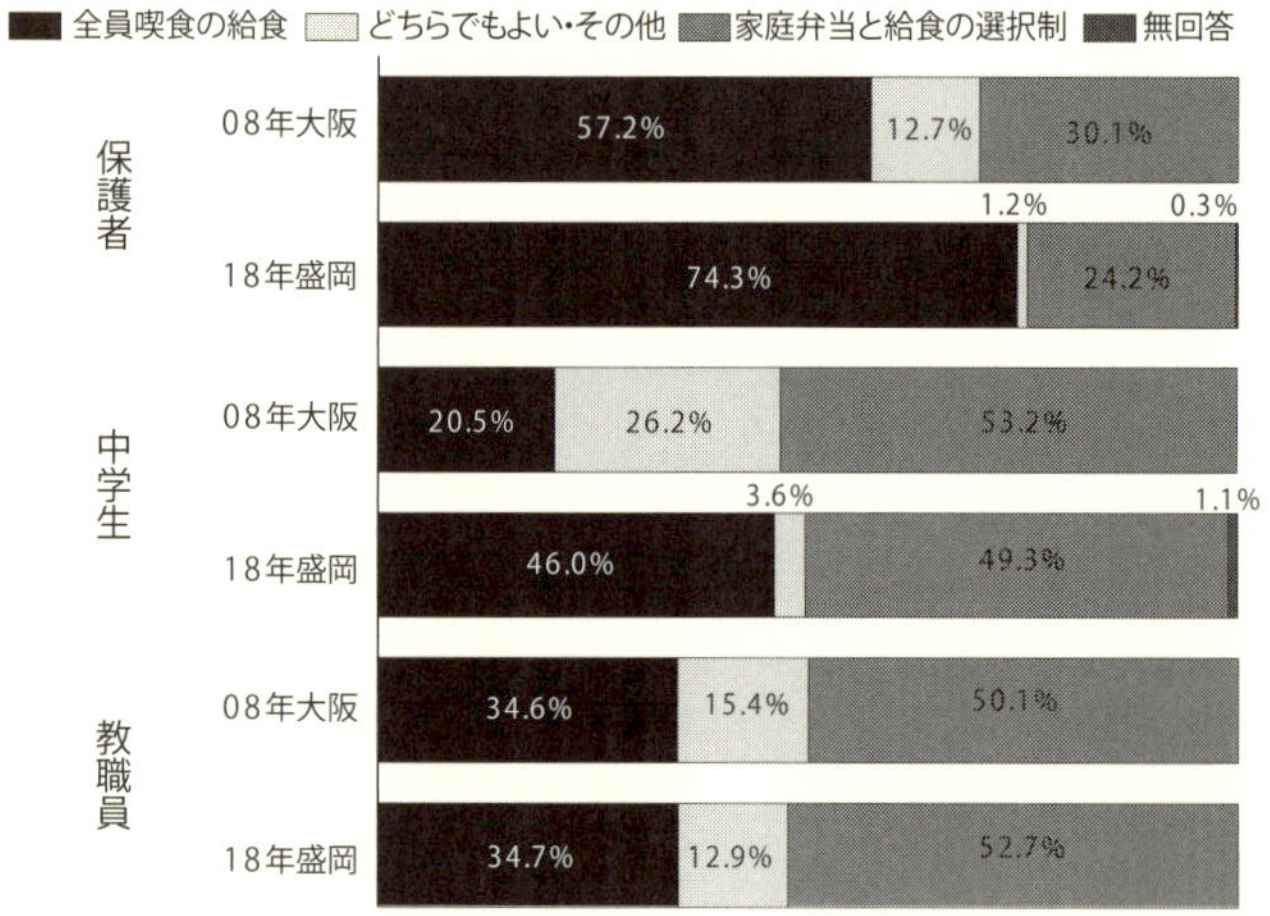

（出所）大阪市中学校給食検討会議（2008）「食生活等に関するアンケート調査」、盛岡市（2018）「学校給食に関するアンケート」。

増」などであった。逆に、家庭弁当より学校給食が良いと思う理由は、「栄養」、「経済的に恵まれない生徒への配慮」、「家庭での負担軽減」などであった。教職員は、弁当を持参しない生徒はバランスのよい食事がとれていないことに気がついていた。しかし、既に多忙な業務の中、給食費の徴収・給食指導など給食に関する新たな負担が増えることには積極的にはなれない現実があった。

ミルク給食主体の盛岡市において、比較的最近の2018年に行われたアンケート調査では、給食か家庭弁当かという問いではなく、給食の望ましい形として「全員喫食」か「選択制」のどちらが良いかという質問が、保護者、中学生、教職員に対して行われている。2008年の大阪市の調査と比較してみると、保護者では74・3%、中学生自身では46・0%と「全員喫食」支持は最近の調査である盛岡市が高かったが、教職員の「全員喫食」支持は、どちらも35%だった（図表9−3）。盛岡市の教職員からは「給食費の集金に係る業務の増加が懸念される」との声もあった。

3 学校給食の実施方式と費用

給食に関する費用のうち、食材費は保護者が給食費として負担している。市町村が税金で負担するのは、施設の建設費など初期投資費、施設や備品の修繕更新費、人件費など維持管理・運営費である。給食の味、質の問題と関係する学校給食の実施方式と費用についてまとめると、以下の通りである。

図表 9-4　調理方式別自治体財政負担額の比較（神戸市の試算）

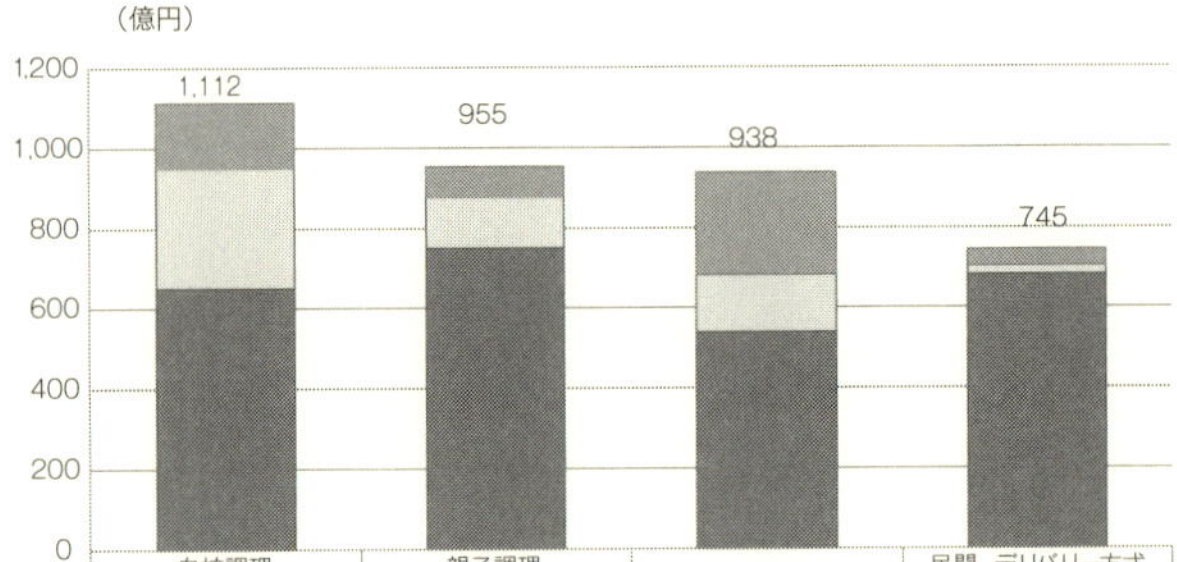

	自校調理方式	親子調理方式	給食センター方式	民間　デリバリー方式（食缶）
■初期投資費(国庫補助除く)	162	76	255	40
□修繕更新費	300	128	144	23
■維持管理・運営費	651	750	539	682
総額	1,112	955	938	745

（注）運営期間40年間の総額。
（出所）神戸市学校給食委員会（2021）「中学校給食の全員喫食制への移行に向けて」。

図表 9-5　調理方式別学校給食実施状況（公立小・中学校児童生徒）

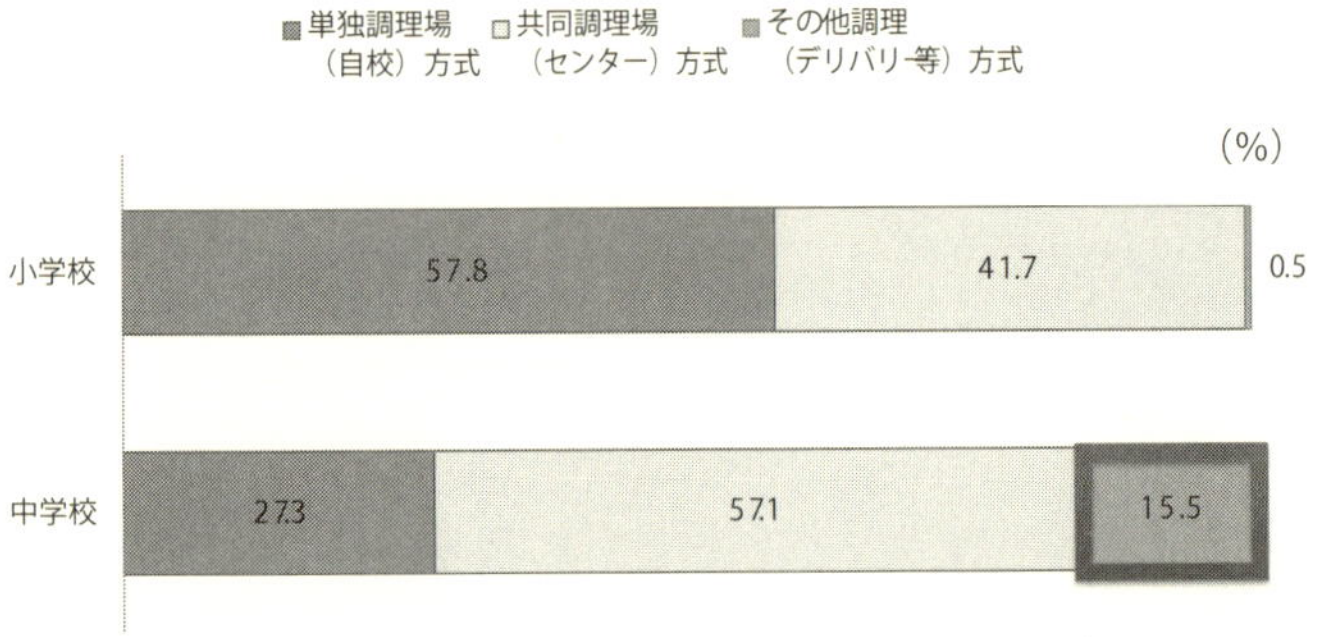

（注）中学校には中等教育学校前期課程を含む。
（出所）文部科学省（2024）「令和５年度学校給食実施状況調査」より作成。

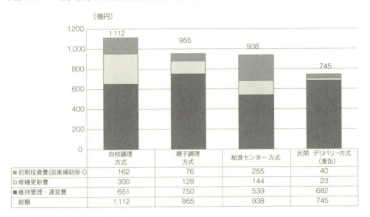

3-1　調理場所による違い

調理場所による分類として、「自校方式」、「センター方式」、「親子方式」、「デリバリー方式」がある。神戸市の小学校は、１６９校のうち１４５校（86％）が「自校方式」、24校（14％）が「センター方式」の給食である[11]。神戸市アンケートの「小学校のような給食」は概ね「自校方式」が想定されるが、この方式は、各学校内に給食調理施設があり、調理してから食べるまでの時間が短く、温かい物が冷めず出来たてを食べられるという利点がある。

「センター方式」では、複数校の給食を一括して共同調理場で作るので、調理後食べるまでの時間は自校方式よりもかかる。温かい物の保温には気を配っているが、出来たてではない。施設を集約しているので、調理員の数が「自校方式」よりも少なくてすみ、人件費・維持管理費が抑制できる利点がある。

「親子方式」は、距離の近い学校同士で、自校内に給食の調理施設を持つ学校が「親」となり、調理施設のない「子」となる学校の給食も一緒に調理して、配送する方式である。「自校方式」と「センター方式」の中間ともいえる。２００９年度から開始された北九州市の公立中学校の学校給食は、小学校が中学校にも配食する方式である。

「デリバリー方式」は民間事業者の施設で調理された給食を各校に配送する方式なので、配膳室のみで給食室の整備が必要ない。また、給食施設の建設・修繕費が民間業者への毎年の委託料に含まれるので、毎年支出される維持管理・運営費が安いわけではないが、施設の建設費など初期投資費が要らないので当初の負担は少なくすむ。

神戸市が初期投資・維持管理運営費について40年間の運営期間で比較した試算では、「デリバリー方式」が自治体の負担するコストが最も安く、「センター方式」、「親子方式」、「自校方式」の順に高くなった（図表9-4）。

「自校方式」と「センター方式」の初期投資費には、国からの補助金があり、「親子方式」と「デリバリー方式」にはない。もし、「センター方式」への国の補助金（2011年の神戸市試算では約9億円）がなければ、「センター方式」の初期投資額はその分増加し、その場合は「親子方式」が「デリバリー方式」に次いでコストが安くなる。「センター方式」場合の自治体が負担する費用の安さは、国の補助金による結果である。

全国の小学生の給食は、学校内の給食室で作る「自校方式」が57・8％、複数の学校の給食を一括して共同調理場で作る「センター方式」が41・7％で、「デリバリー方式」は0・5％にすぎない（図表9-5）[12]。しかし、中学生の給食は、「自校方式」27・3％、「センター方式」57・1％で、「デリバリー方式」が15・5％と小学生より多い。デリバリー方式では、食中毒を防ぐため、10℃以下の温度で運ばなければならないが、中学校では、コンビニのように電子レンジで温めることはできない。小学校の時に、自校方式の出来たての給食を食べていた子どもにとって、中学校のデリバリー方式の給食は「冷たくておいしくない」ということになる。比較的古くから給食施設が整備されてきた小学校は「自校方式」が多く、新しく整備された中学校は経済効率性が重視され「センター方式」が多いのが、全国的な傾向である。

3-2　提供方法による違い

次に、提供方法による分類として、「食缶方式」と「ランチボックス（弁当箱）方式」がある。

調理したおかずを種類毎にまとめて入れる容器を食缶と呼ぶ。「食缶方式」では、多くの小学校の給食のように、クラス単位で全員のおかずなどが種類毎にまとめて入っている「食缶」から給食当番が配膳する。「食缶方式」は、配膳に慣れる必要があるが、各自の食べる量に応じた配膳の調節も可能である。

「ランチボックス方式」は、「食缶方式」より配膳が簡単で時間がかからないことから、昼休み時間の短い中学校で選ばれやすいという実態があるが、量が合わないという問題が生じる。「ランチボックス」を使ったデリバリー方式では、全員が給食を食べるのではなく、希望者のみの選択制給食になることも多い。希望する家庭は、前もって給食費を前払いして申し込むことになるので、給食費未納の問題は生じないが、申し込まなかった子どもは給食を食べることができない。

また、２０１１年の神戸市の試算では、給食費補助のための就学援助費等が年間４・２億円必要と試算されていた。就学援助は、生活保護の１・３倍程度の所得の低所得家庭を対象に小中学生の給食費や学用品費を市町村が支援する制度である。給食費に対する支援なので、中学校で給食がなければ昼食に対する支援を受けることはできない。

4　ランチボックス型デリバリー選択制給食の課題

4-1　喫食率向上と残食

神戸市の中学校給食は、2014年度から一部で開始され、2016年度からは全校で、「デリバリー方式」のランチボックスで選択制により実施されている[13]。2015年に発生した給食への虫や金属片などの異物混入事件後、神戸市では、神戸市中学校給食の検証・検討に関する有識者会議[14]の議論を経て、異物混入事案について情報公開のガイドライン[15]が作られ2016年度から給食が再開された。

「デリバリー方式」の学校給食になり、以前の校内弁当販売制度よりは喫食率が上がったが、多くの課題が残されていた。そこで、喫食率向上のため2019年に全生徒・保護者を対象とするアンケート調査が行われた[16]。また、2024年秋からの全員喫食制導入を控えて、2024年春にも生徒・保護者を対象とするアンケート調査が行われた[17]。以下は、この2019年と2024年の神戸市のアンケート調査結果である。

2019年の中学校における学校給食の喫食率は33・5%にとどまり、残りは家庭弁当64・8%、パン等1・6%、無回答0・1%（18人）となっていた。2024年の調査では、喫食率は65%に上昇した。

2019年の調査では、給食を食べている生徒にとって給食への不満として、「味付けが薄い」が全体では37%のところ、男子で40%、3年生で40%と高い。「ごはんの量が多い」は全体では20%であるが、女子では33％、１年生では25％と高い。「おかずの量が多い」も全体で20％のところ、女子27％、１年生25％と高い。２０２４年の調査でも、給食の量については、「多い」41％、「ちょうど良い」42％、「少ない」17％と、量を調整できないランチボックス方式の課題が残されている。

２０２４年の調査では、給食の味について「おいしい・まあおいしい」を合わせて34％、「おいしくない・あまりおいしくない」を合わせて66％である。「おいしい・まあおいしい」の最も高い回答理由は、「ご飯が温かい」39％であり、「おいしくない・あまりおいしくない」の最も高い回答理由は「おかずが冷たい」68％である。ランチボックスによる給食は、国の衛生管理基準に基づいて、ご飯は65度以上、おかずは10度以下で温度管理の上、提供されている。

図表9-6　デリバリー給食を残す理由（中学生）

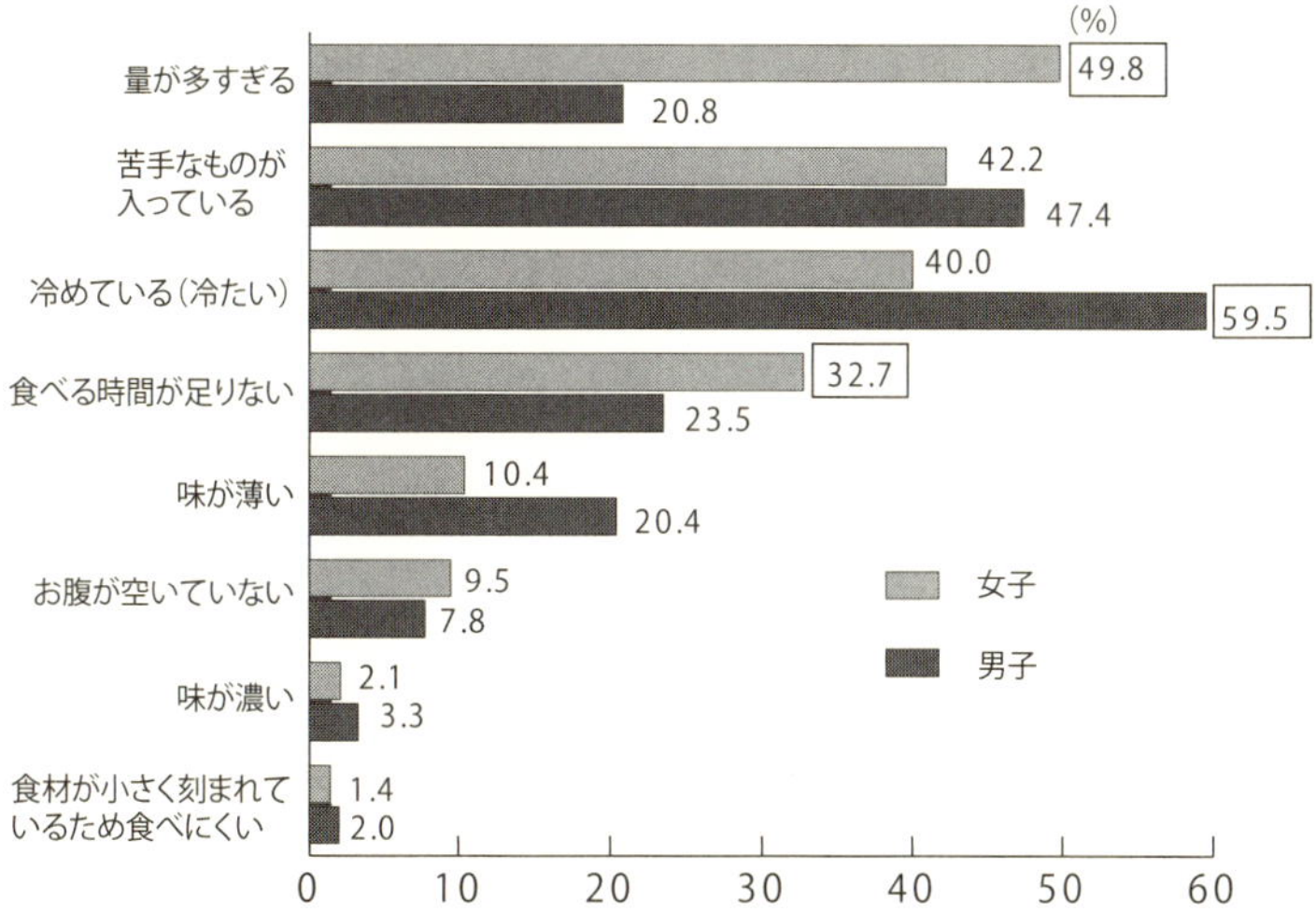

（出所）神戸市（2019）「中学校給食に関するアンケート結果報告書」。

２０１９年の残食に焦点を当てた調査結果では、「給食をいつも残す」のが全体では31％であったが、女子では41％、３年生では35％と高かった。反対に「いつも残さない」は、全体では19％であったが、1年生で22％だった。

「残す理由」は、「冷たい」が全体では50％であったが、男子は60％だった。「苦手なもの」を理由としたのは、全体では45％であったが、３年生が50％と高かった。「量が多い」を理由としたのは、全体35％であったが、女子が50％、1年生が44％と高かった。「時間不足」を挙げるのも全体28％だったが、女子が33％と高めだった。女子は「量が多い」「時間不足」、男子は「冷たい」、1年生は「量が多い」、３年生は「苦手なもの」と残す理由がそれぞれ異なっていることが注目された（図表９-６）。

また、「牛乳をいつも残さない」のは、全体で79％であったが、男子が85％と高かった。反対に「いつも残す」のは、全体で９％のところ、女子と３年

図表 9-7　デリバリー選択制給食を利用しない理由（中学生）

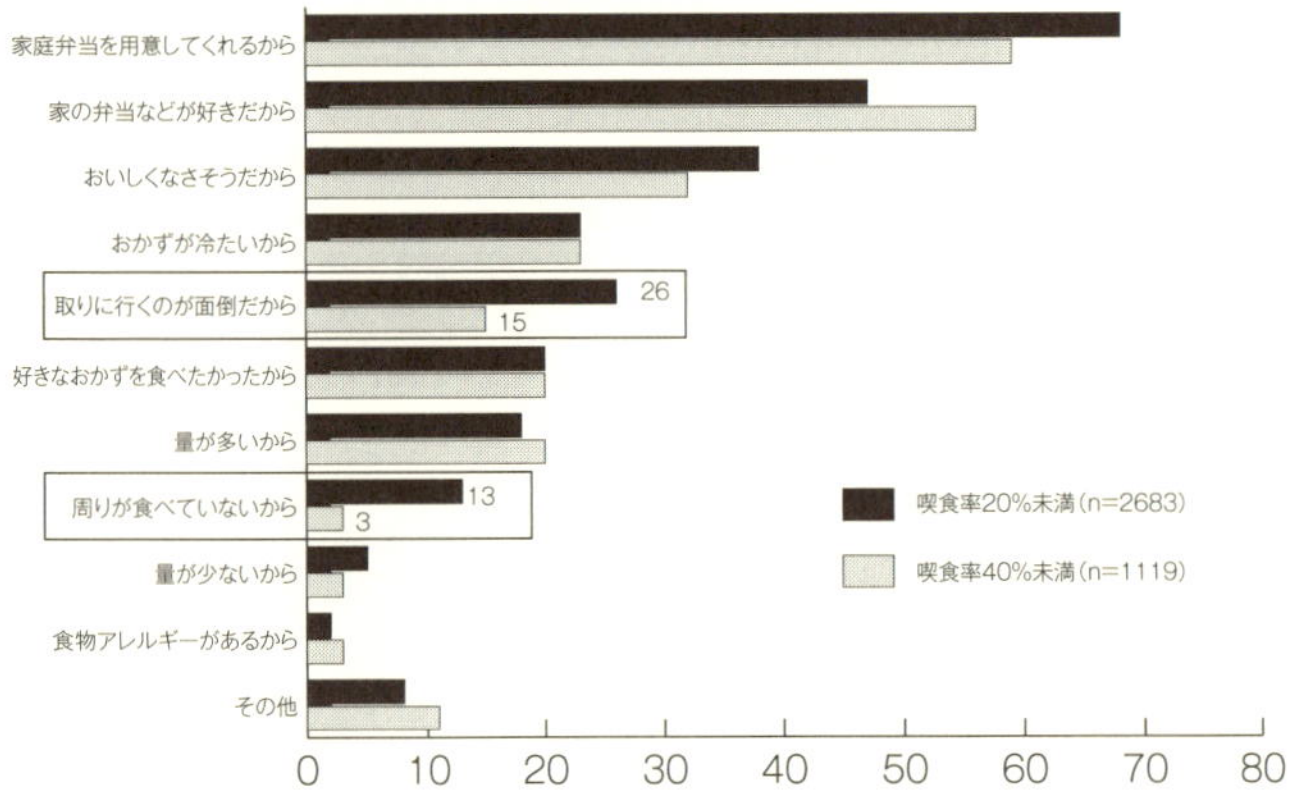

（出所）横浜市（2022）「今後の中学校給食の在り方の検討状況について」。

生は13％と高かった。「牛乳を残す理由」は、「味が苦手」が全体で40％であったが女子は44％と高く、「他の献立と味が合わない」が全体で34％のところ男子は39％、「時間不足」が全体で16％のところ1年生は20％と高かった。「他の献立と味が合わない」は、「デリバリー方式」のランチボックスが米飯中心で、パンが提供されないために生じた声と思われた。また、「自宅で牛乳」を「よく飲む」のも全体では37％であったが男子は45％と高く、反対に「ほとんど飲まない」が全体30％であるが女子は37％と高く、女子に牛乳嫌いが多いことがうかがえた。そして、「もっと牛乳を飲むには」、粉末のコーヒー牛乳の素である「ミルメーク」を求める声が男女学年を問わず60％以上と高かった。

参考になる事例として、給食にパンなどを出さない完全米飯給食を実施していた新潟県三条市では、２０１４年度から給食時の牛乳提供を試行的にやめたが、献立を工夫しても必要な栄養摂取基準を満たせなかったため、２０１５年から給食の時間以外に牛乳を飲むドリンクタイムを設定している。残食を減らす一定の成果があったが[18]、牛乳の残量が増加傾向にあることから２０１８年度からドリンクタイムを放課後にするなど時間帯を工夫したり、米飯以外の地元産の米粉パンや麺を導入して献立を多様化したりするなど、見直しも行っている[19]。

神戸市と同じく、中学校給食の開始が遅れ、ランチボックス方式のデリバリー選択制中学校給食を実施している横浜市では、中学校毎に喫食率が生徒の20％未満から40％以上まで幅があることから、喫食率と「選択制給食を利用しない理由」の関係を調べている。その結果、「喫食率20％未満」の中学校では「喫食率40％以上」の中学校と比べて、「取りに行くのが面倒だから」、「周りが食べていないから」という理由が多い傾向にあった（図表9-7）。家庭弁当が準備しにくい家庭の中学生であっても、周囲の目を気にしたり、自分だけ給食を取りに行くという周囲と異なる行動をとったりすることの難しさが感じられる。

4-2　ランチボックス方式デリバリー選択制から食缶方式の全員喫食制へ

神戸市は、2019年のアンケート結果を受けて、おかずが冷たく量の調整ができないランチボックス方式の中学校給食を、温かく量の調整ができる食缶方式に転換することの検討をはじめた。検討の結果、2024年9月からは、選択制を転換し、給食センター等による全員喫食制の給食に転換する準備が進められている。

2019年の神戸市の調査では、「給食を食べていない」生徒のうち、「一度も食べたことがない」のは67%で、「食べたがやめた」のは29%である。「食べない理由」は、「おいしくない（おいしくないと聞く）」が全体で59%であるが3年生では65%にのぼる。生徒

図表 9-8　給食の全員喫食について（保護者）

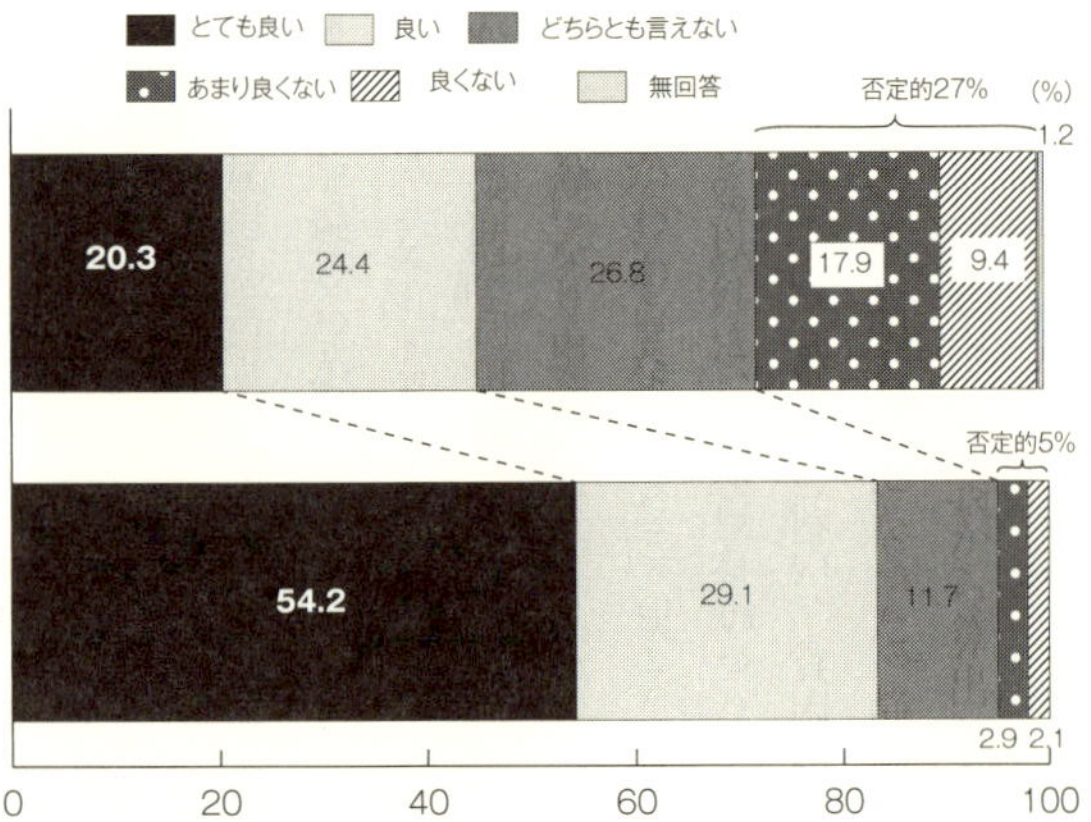

（出所）神戸市（2019・2021）「中学校給食に関するアンケート結果報告書」。

全体では「家庭弁当が食べたい」、「評判がよくない」、「おかずが冷たい」、「家族（兄弟）も家庭弁当」、「量が多い」との理由が挙げられている。「量が多い」は女子に多く、「量が少ない」が男子に多く、食缶のように量を調整できないランチボックスの欠点が表れていた。「牛乳を飲みたくない」が女子は9・2％と男子の3・8％より高く、不満にも男女差があった。

２０１９年の神戸市の保護者に対する調査では、給食を「一度も利用したことがない」43％、「継続して利用している」32％、「利用していたがやめた」20％、「必要な月だけ利用している」4％となっていた。「一度も利用したことがない」および「利用していたがやめた」の主な理由は、「子どもの希望」89％、「友人等からの評判」29％、「量が選べない」24％、「申込みが月単位」20％などとなっていた。「継続して利用している」主な理由は、「弁当を作らなくて済む」79％、「栄養バランスが良い」65％となっていた。「必要な月だけ利用している」主な理由は、「（梅雨時の衛生など）時期を考慮」44％、「子どもの希望」32％であった。

給食への希望として、生徒・保護者共通して、「おかずを温かく」、「デザートを増やす」、「パンを出す」、「おかずの量が選べる」、「ご飯の量が選べる」、「温かい汁物」、「温かいレトルト」、「牛乳選択」、「ランチボックスの見た目」、「地元の食材」などが挙げられていた。

また、「全員喫食」については、２０１９年の神戸市の調査では、否定的な回答が「生徒全体」では55％であるが、「家庭弁当」の生徒は67％と高く、「その他（パン）」の生徒が64％と続いた。「保護者全体」の否定的な回答は27％と生徒よりは低いが、給食の「利用なし」の場合41％、「利用中止」の場合33％と高くなっていた。その後の２０２１年調査では、「保護者全体」の否定的な回答が2019年の5分の1以下の5%にまで減少した（図表9-8）。「全員喫食」に否定的な理由は、2019年の調査では「家庭弁当」支持が生徒全体43・9%で、女子では49%、1年生48%と高かった。保護者全体では2019年の調査では「家庭弁当」支持は12・5%と低かったが、2021年は22・1%と相対的に上昇している。「給食を食べたくない」という理由は、生徒全体43・1%であるが、3年生は49%と高く、2019年は保護者全体の58・5%も「子どもが給食を望まない」と回答していたが、2021年は35・2%に減少した。「アレルギー」を理由とするのは、生徒全体の2・6%、保護者全体の3・8%（2019年）であったが、2021年の保護者の回答では「宗教上の理由」も含めて13・4%に相対的に上昇している。

すなわち、「子どもが給食を望まない」ことによる否定的意見は減少しているが、「家庭弁当」支持や「アレルギーや宗教上の理由」による否定的意見は残っているので、これらの事情にどのように対応していくかが今後の課題である。また、保護者全体の8・0%（2019年）は、「給食費の負担」を理由としていたが、2021年も4・8%の回答がある。この点については、給食費を支援する就学援助の周知が十分かどうかなど詳しく要因を分析する必要がある。

2011年の神戸市の調査でも、保護者に、家庭弁当と給食の選択制を実施した場合どちらを選ぶかも聞いていた。給食についても、「小学校のような給食」か「業者による弁当給食（箱弁）」の二通りについて尋ねた。「小学校のような給食」では、概ね各学校内に給食調理施設があり、給食当番がおかずなどを種類毎にまとめて入れた容器を運び、教室などで配膳するので、調理後食べるまでの時間が短く、温かい物が冷めない出来たてを食べられる。「業者による弁当給食（箱弁）」では、民間事業者の施設で調理された給食が、あらかじめ一人分ずつ盛り付けられて各校に配送されるので、配膳は簡単であるが量の調整はできない。

「小学校のような給食」の場合、６割以上の保護者が「給食」を選択するのに対し、「業者弁当による給食」の場合は、「給食」選択は約15％に減少し、７割の家庭が「家庭弁当を持参」を選択していた。「小学校のような給食」の場合、兄弟が「小学生以下」の場合は「給食」選択が7割以上に上昇する。「小学校のような給食」でも、兄弟が「高校生以上」の場合は、「家庭弁当」選択が平均の約20％よりも高い、約27％に上昇する。他の家族の弁当とあわせて作る状況かどうかが、「家庭弁当」選択に影響していた。このような意見がデリバリー給食への評価につながっていたと考えられる。

横浜市の２０１９年の調査では、「全員喫食」支持は保護者33・２％、中学生６・３％、教職員10・1％、「選択制」支持が保護者51・７％、中学生80・８％、教職員80・２％である[20]。神戸市のように、今後「全員喫食」支持が増えるのか注目される。

【注】

１　本章は、鳫咲子（２０２０）「子どもの食のセーフティネットとしての中学校給食の構築――２０１１・１９年神戸市中学校給食アンケート調査を踏まえて――」『跡見学園女子大学マネジメント学部紀要』第30号、20～33頁をもとにしている。

２　文部科学省・前掲第3章注8。

３　公立中学生の完全給食実施率が低いワースト3は、佐賀県67・１％、京都府80・５％、岩手県85・５％。

4 特に佐賀県は、２０２４年の「都道府県版ジェンダー・ギャップ指数」の政治分野の順位も、全国45位となっている。本章２—２も参照。
5 神戸市（２０１１）「中学生の食生活と昼食に関するアンケート」。
6 大阪市中学校給食検討会議（２０２０）「平成31年度（令和元年度）全国学力・学習状況調査 神戸市学力定着度調査報告書」。
7 横浜市教育委員会（２００８）「食生活等に関するアンケート調査」。
8 同前。
9 大阪市中学校給食検討会議（２０２０）「令和３年度以降の中学校給食の方向性」４頁。
10 阿部彩ほか編著（２００８）「食生活等に関するアンケート調査」、北九州市食育推進会議（２００８）「食育及び中学校給食に関する意識調査結果」。
11 神戸市ホームページ（２０１８）『子どもの貧困と食格差』大月書店、30〜35頁。
12 文部科学省・前掲第３章注８。
13 神戸市・前掲注11。
14 神戸市ホームページ〈https://www.city.kobe.lg.jp/a54017/kosodate/gakko/school/lunch/mskyusyoku/kensyou.html〉（２０２０年３月15日参照）。
15 神戸市（２０１６）「異物混入事案について情報公開のガイドライン」〈http://www.city.kobe.lg.jp/child/school/lunch/kyusyoku/img/ibutuguideline.pdf〉（２０２０年３月15日参照）。
16 神戸市（２０１９）「中学校給食に関するアンケート結果報告書」。
17 神戸市（２０２４）「【アンケート結果】中学校給食（ランチボックス）」〈https://www.city.kobe.lg.jp/

shise/kocho/lunchboxsurvey_kekka00.html〉（２０２５年２月22日参照）。
18　産経ニュース「三条市、９月から給食の牛乳廃止正式決定「食べ残し減った」」（２０１５年７月１日）。
19　三条市「平成30年度からの学校給食の変更点」〈https://www.city.sanjo.niigata.jp/material/files/group/27/00017820.pdf〉（２０２０年３月15日参照）。
20　横浜市（２０２０）「横浜市の中学校昼食に関する懇談会の開催結果等について」。

第10章

広がるアウトリーチ型食支援

本章では、「子ども食堂」「子ども宅食」「居場所カフェ」などアウトリーチ型食支援を中心に、学校給食を含めた子どもへの食支援の課題について述べる[1]。

学校給食は、戦後その実施が本格化し、公立小学生への実施率は99・9％、公立中学生への実施率も近年97・5％まで上昇した。しかし、神奈川・岩手・京都・佐賀など中学生への完全給食（主食・おかず・ミルクのそろった給食）の未実施率が高い地域もまだ残っている（前掲図表9－1）[2]。

2012年頃から、地域の有志等が設け、子どもが一人で来ても栄養のある食事を無料または安価で安心して食べられる場所が「子ども食堂」と呼ばれるようになった。この活動は多くの市民の共感を呼び、2022年までに全国7363カ所以上に増えている[3]。ボランティアからは、「子ども食堂」に携わる前は、「日本に食事を十分とれない子どもたちがいることは知らなかった」という声も聞かれた。

コロナ禍において、「子ども食堂」の実施が難しくなったため、食材やお弁当などを子どものいる生活の厳しい家庭に直接届ける「子ども宅食」の活動も注目されている。

1 「子ども食堂」と「子ども宅食」

「子ども食堂」のほとんどは、参加者を「生活困窮家庭の子ども」「ひとり親家庭の子ども」などに限定せず、誰でも参加できる多世代交流や地域づくり・まちづくり活動としての性格を持っている[4]。一方、「子ども宅食」は、主に生活に困難を抱える家庭を対象としている。

予防医学などの分野では、リスクの高い人々に働きかけ対応することを「ハイリスクアプローチ」、リスクの高い人だけでなく全員を対象に良い方向に向かわせることを「ポピュレーションアプローチ」と呼び、対象に応じて適切なアプローチを選択することが模索されている。

「子ども宅食」は、子どもの経済的な格差に着目する「子どもの貧困」の観点からは、「ハイリスクアプローチ」とも考えられる。一方、「学校給食」や多くの「子ども食堂」は、子どもを選別しない「ポピュレーションアプローチ」とも考えられる。

2　なぜアウトリーチが必要か

２０１６年に東京都が、いろいろな子育て支援サービスの利用状況を調べたところ、「子供食堂」、「フードバンクによる食料支援」の利用は、他のサービスの利用に比べて多いとはいえなかった（図表10−1）[5]。

この調査では、「低所得」「家計の逼迫」「子供の体験や所有物の欠如」という3つの要素で子どもの生活困難度を分類し、２つ以上の要素に該当する場合を「困窮層」、いずれか1つの要素に該当する場合を「周辺層」、いずれの要素にも該当しない場合を「一般層」と呼んでいる。

「子供食堂」、「フードバンクによる食料支援」は、「一般層」に比べ、「困窮層」と「周辺層」で利用されている。しかし、「子供食堂」、「フードバンクによる食料支援」をはじめ、ほとんどの支援サービスについて「全く知らなかった」という回答も「困窮層」と「周辺層」で多くなっている（図表10−2）。

このように、支援が必要な場合ほど支援が届きにくいという問題がある。国も２０１９年に策定し

図表 10-1　支援サービスの利用状況（小５保護者）

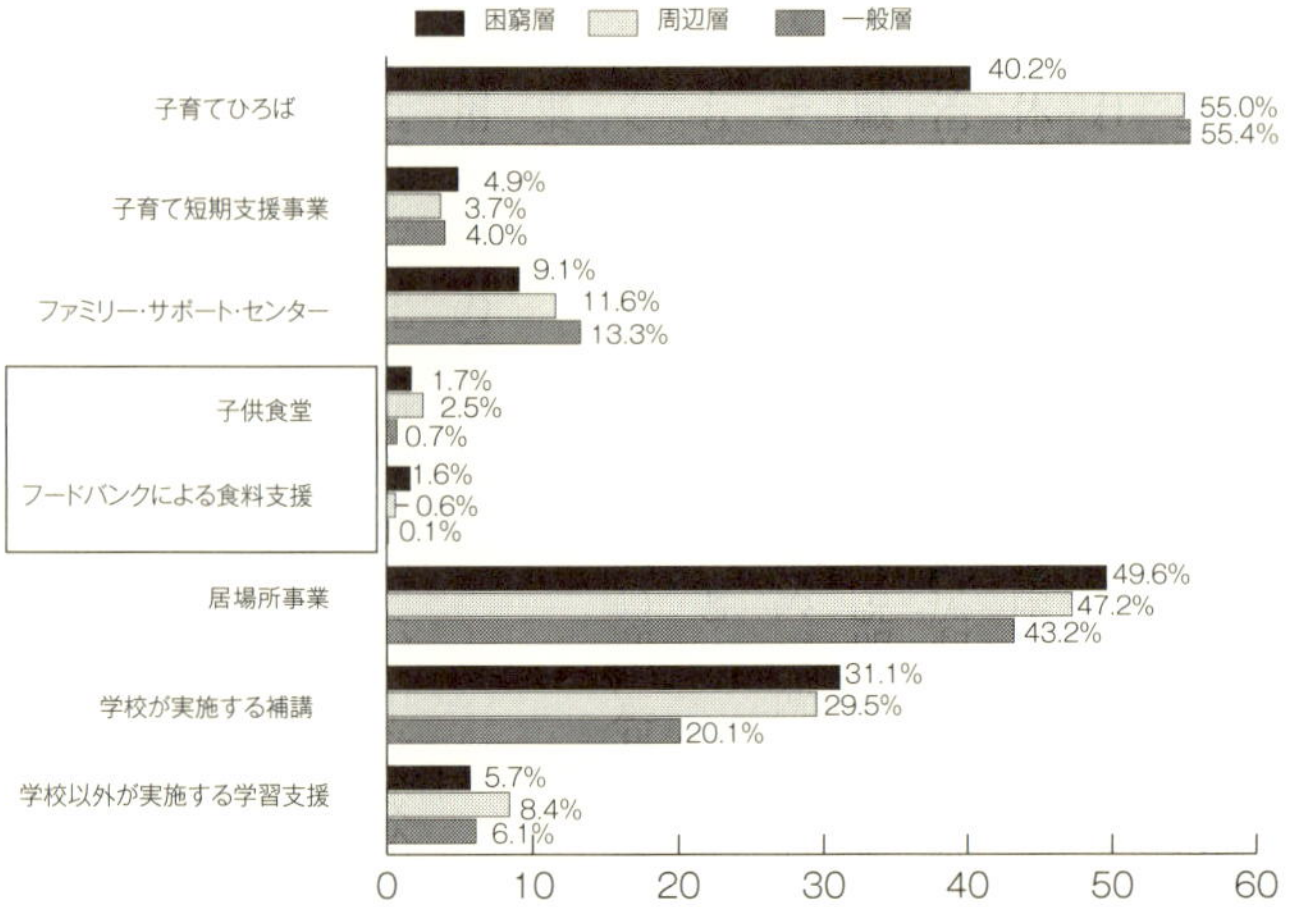

（出所）東京都（2017）「子供の生活実態調査」。

図表 10-2　支援サービスを知らないために利用しない割合（小５保護者）

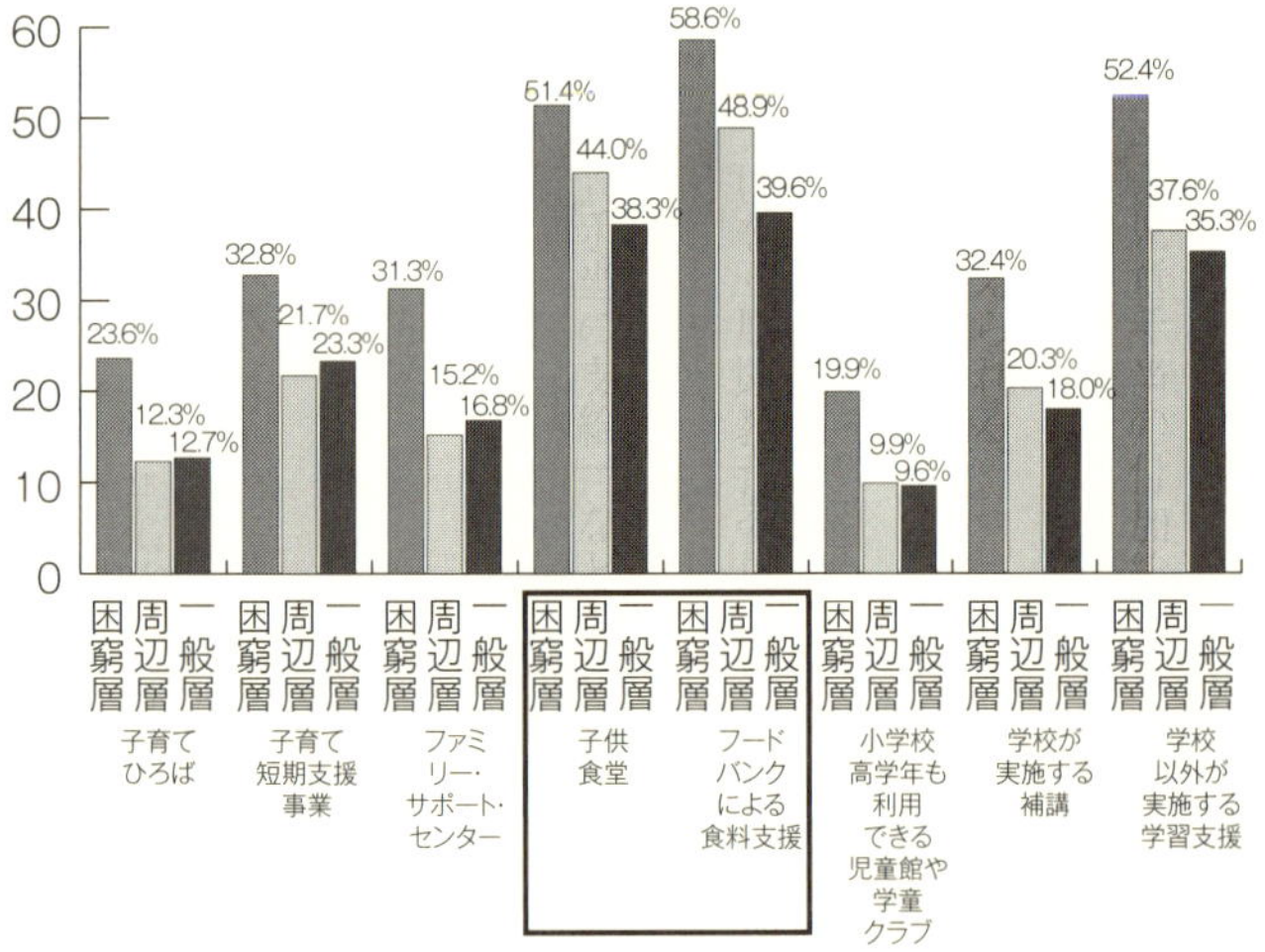

（出所）東京都（2017）「子供の生活実態調査」。

た「子供の貧困対策に関する大綱」の基本方針として、「支援が届いていない、又は届きにくい子供・家庭に配慮して対策を推進する」ことを掲げていた。

3　支援が届かない要因

NPO法人OVA（オーヴァ）では、全国40以上の若者支援団体に、支援につながりにくい子ども・若者に対して行っている「支援を届ける工夫」について調査した。その結果、支援が届かない要因を①「心理的な障壁」、②「周囲のまなざし」、③「物理的な制約」、④「情報の届け方」の4つに分類している（図表10–3）[6]。

①「心理的な障壁」は、過去の対人関係や支援を受けた際に傷ついた経験から、対人不信感や支援に対する不信感が強いという要因である。

②「周囲のまなざし」は、「生活保護バッシング」や「自己責任論」に代表される、支援を受けることへの社会的な偏見によって、支援が必要な人が周囲の目を気にして、助けを求めるのは恥ずかしいなどと感じて支援を求められないという要因である。

③「物理的な制約」は、月曜から金曜の9時から17時までしか相談窓口が開いていない役所仕事のため、フルタイムで働いていたら相談に行けないなど時間や場所等の制約にかかわる要因である。

④「情報の届け方」は、サポートが必要な時ほど余裕がなく援助を求める力が弱まっているので、チラシやポスター、HPなど、広く多くの人に情報を届ける広報手段だけでは、難しい説明や誤っ

図表 10-3　支援が届かない要因

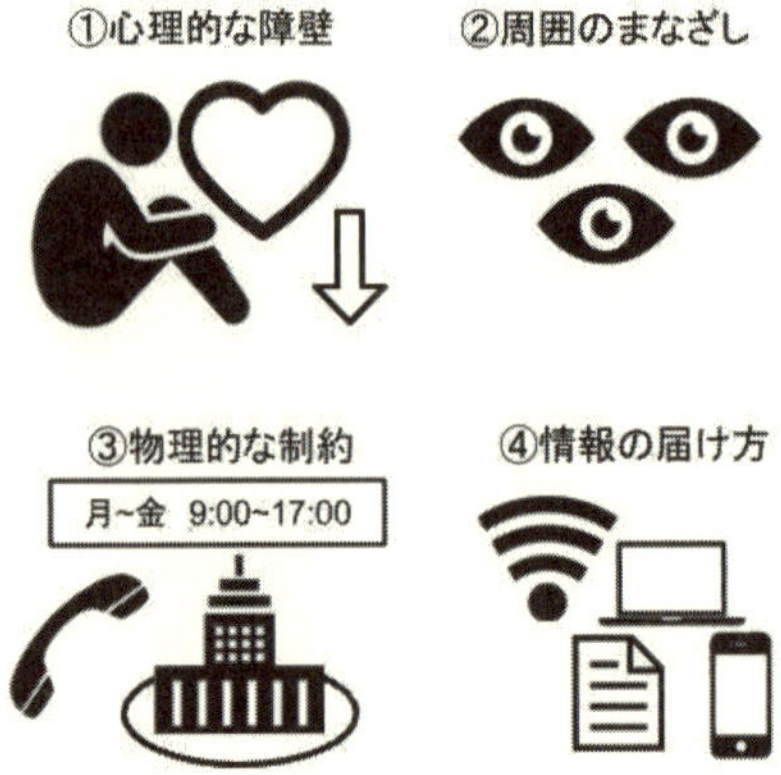

（出所）NPO法人OVA（オーヴァ）（2018）「アウトリーチの実践に今日から使えるメソッド集」。

図表 10-4　みまたん宅食どうぞ便ホームページ

（出所）「みまたん宅食どうぞ便ホームページ」〈 https://mimata-douzo.com/ 〉

た理解が利用の障壁になるという要因である。

支援が必要なケースにおいて、本人が「困っている」と自覚できていなかったり、「困りごとをなんとかしよう」と思えない無力感に苛まれていたりすると、「信頼できる誰かに困りごとの解決を手伝ってほしい」という「SOS」を出して、相談することには、高いハードルがある。

支援が届かない要因を乗り越え、若い子育て世代の価値観やニーズを受け止めるためには、支援に見えにくい「受け入れやすいきっかけ」を作る、普段使っているLINE、X（旧Twitter）等オンラインツールを使った相談・手続を可能とすることなどが有効とされている。

「子ども食堂」「子ども宅食」「居場所カフェ」などの食支援は、この「受け入れやすいきっかけ」として機能するよう各地で工夫が行われている。

4　食支援をきっかけに

宮崎県の三股町社会福祉協議会が事務局となっている「子ども宅食」事業では、「みまたん宅食どうぞ便」では、「生活が大変」と感じる家庭に対して、月1回10回分の食材をボランティアと連携して届けている。地域の農業生産法人の協力もあり、規格外で市場に出しにくい野菜などの無償提供もある。

必要な家庭に気軽に利用してもらいたいと、「みまたん宅食どうぞ便」という、公的な組織では珍しい親しみやすいHPを作成している（図表10-4）[7]。

利用の申し込みもスマートフォンから24時間行えるようになっている。実際にも、申し込みの約8割がHP経由で、通常の窓口が開いている時間外だそうである。

利用者とのLINEを通じたやり取りも可能で、子どもへの食支援をきっかけに学習支援や親の就労支援などにつながる事例もある。

申し込み理由に「パートに出ていますが、子供たちの突発的な病気などで仕事を休む事が多く収入が安定しません。労働時間も会社の都合で5時間だったのが4時間に変更になり、厳しい状態です。このような理由でも大丈夫なんでしょうか？　他にももっと大変な方がいらっしゃると思うので、もしも無理そうなら大丈夫です」と書かれていたり、子どもも多いのに、まだ就学援助も受けていなかったりという例もあった。小さな「ＳＯＳ」を見逃さない努力をしている。

5　「居場所カフェ」と朝食提供事業

ひとり親家庭・外国にルーツのある生徒の増加、不登校・引きこもり傾向など高校中退を防ぐために、個別の支援を必要とする高校生も増えている。虐待を受けていて、家庭内に安心できる居場所がない生徒もいる。

課題を抱える生徒が多い高校内の空き教室・図書館などで、飲み物やお菓子・軽食などを無料で生徒に提供しながら、スタッフとの交流・相談ができる「居場所カフェ」の事業が２０１２年に大阪府や神奈川県で始まり、その後カフェを設置する高校が少しずつ増えている。

２０２２年６月から、神奈川県県教育委員会では、ＮＰＯ法人等による居場所カフェの取組を実施している４校（全日制３校、昼間定時制１校）で、教育委員会の委託事業として、週２回、高校生に無料で朝食を提供している。そのうちの田奈高校では、全校生徒の約３割が利用している[8]。同様の朝食提供事業は、小中学校でも、各地に例がある。

２０１９年に策定された「子供の貧困対策に関する大綱」には、「学校を地域に開かれたプラットフォームと位置付けて、（中略）地域において支援に携わる人材やＮＰＯ等民間団体等が中核となって（中略）地域福祉との様々な連携を生み出すことで、苦しい状況にある子供たちを早期に把握し、支援につなげる体制を強化する」と書かれていた。

「居場所カフェ」や朝食提供事業は、学校をプラットフォームとして、ＮＰＯ等民間団体が中核となった支援事業の好事例と考えられる。

しかし、規模の大きな自治体ではＮＰＯ等民間団体も多いが、規模の小さな自治体では少ないという課題がある。今後は、各市区町村に必ずある社会福祉協議会にも従来メインとしていた高齢者・障害者への対応だけでなく、子どもの貧困に対する対応にも踏み込むことが期待されている。

【注】

１　本章は、鳫咲子（２０２３）「広がるアウトリーチ型食支援」『男も女も』Ｎｏ．１４１、30〜35頁をもとにしている。

２　文部科学省・前掲第３章注８。

3　全国こども食堂支援センター・むすびえ（2023）「プレスリリース2023・2・13」。
4　全国こども食堂支援センター・むすびえ（2021）「プレスリリース2021・12・25」。
5　東京都（2017）「子供の生活実態調査」178頁。
6　NPO法人OVA（2018）「アウトリーチの実践に今日から使えるメソッド集」。
7　三股町社会福祉協議会「みまたん宅食どうぞ便ホームページ」〈https://mimata-douzo.com/〉（2025年2月22日参照）。
8　神奈川県立田奈高等学校ホームページ。

第11章

少子化と学校給食の可能性

少子化が進み、小中学生だけでは今後給食の対象者が減少する[1]。食育の「生きた教材」であり、子どもの食のセーフティーネットである学校給食制度の有効活用のために、まずは高校生や学童保育（放課後児童クラブ）などにも給食の対象を拡大することが検討されるべきである。

主食、おかず、ミルクのそろった完全給食の実施率は、公立小学生では99・9％、遅れていた公立中学生も97・8％まで上昇している（図表11-1）。公立中学生に対する給食実施を90％以上にすることは、2016年に策定された第3次食育推進基本計画の目標としても掲げられた。第9章で述べたように、公立中学の完全給食実施率は2018年以降急上昇した。

中学校での給食実施は、横浜市長選などの選挙の争点の一つともなり、実施率が上

図表 11-1　完全給食実施率の推移（人数割合）

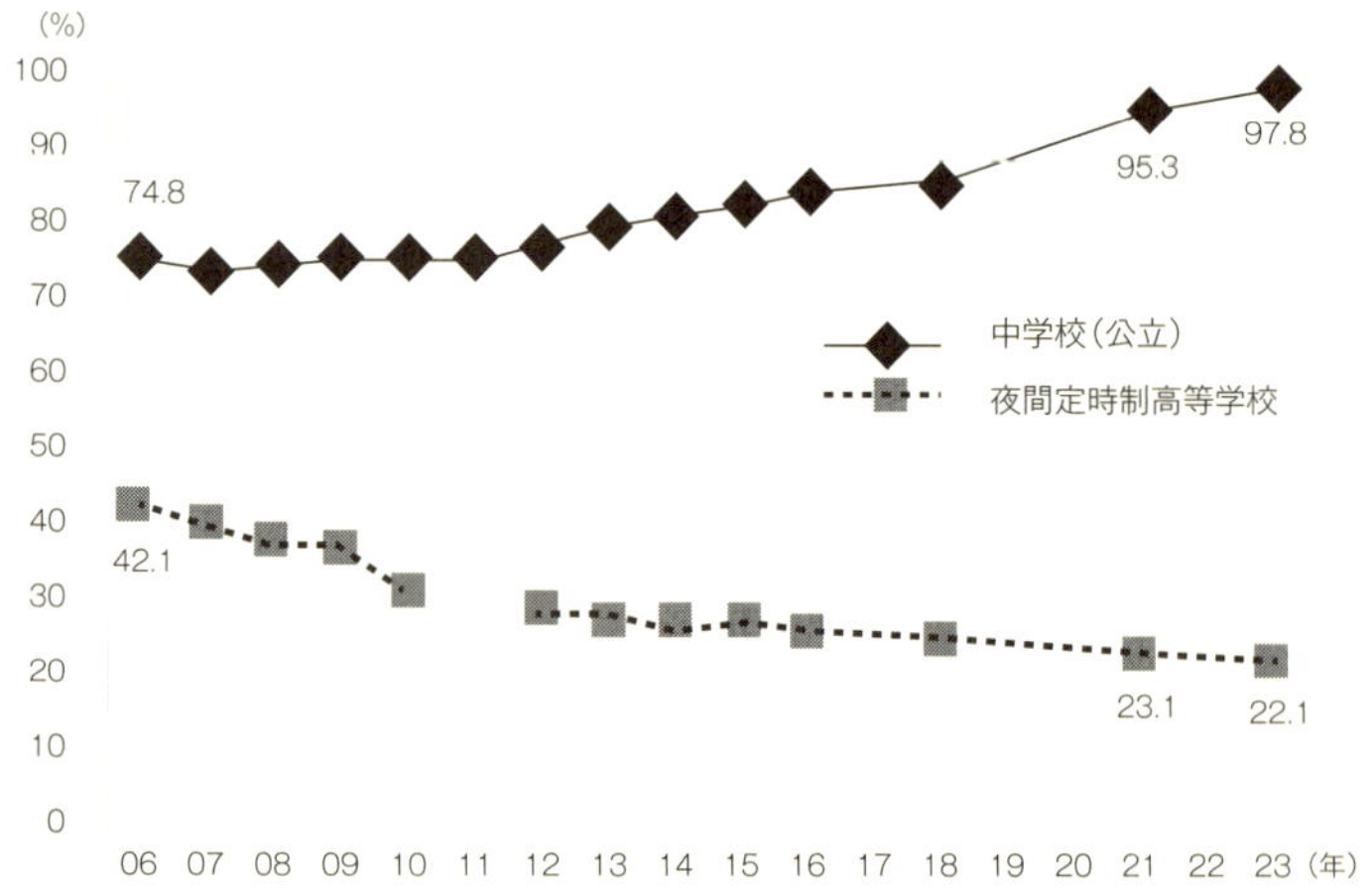

（注）中学校は、公立のみ。2011年度調査は、東日本大震災の影響で岩手県、宮城県および福島県が除かれているため、データ数の少ない夜間定時制高校のデータは除いている。

（出所）文部科学省「学校給食実施状況等調査」各年度版。

昇してきたが、夜間定時制高校生への給食は喫食率の低下とともに実施率が年々低下し、22・1％となっている。これは、定時制高校での給食費の支払いがプリペイド（前払い）方式の採用が多いことが関係している。アルバイト代などで給食費を自分で払うことが多い高校生は、一食分をコンビニでパンやおにぎりを買うことはできても、まとまった金額を前払いすることが難しいためである。夜間定時制高校の給食費は、5年で約11％、10年で18％と小中学校以上の大幅な上昇率となっている[2]。

特別支援学校就学奨励費による全額・半額の支援を9割以上の生徒が受けているが、令和5年度の公立特別支援学校中学部の給食費月額は5921円で、公立中学校の月額5367円を554円も上回っていた。

第7章で述べたように、夜間定時制高校と特別支援学校は給食調理員の非常勤化・民間委託化が進む一方で、給食費は割高になっている。こういった状況を改善するために給食センターや小中学校の調理室からの配食も検討すべきである。

2005年に食育基本法が制定され、従来の学校給食の担い手である給食調理員、栄養職員に加えて、栄養教諭制度も発足した。2008年には学校給食法も改正され、「食に関する正しい理解と適切な判断力を養う上で重要な役割を果たすもの」との位置付けも加えられ、「学校における食育の推進を図ること」も学校給食法の目的となった。

学校給食法第2条の学校給食の目標にも、食生活が自然の恩恵の上に成り立つものであるということについての理解を深め、生命および自然を尊重する精神並びに環境の保全に寄与する態度を養うこと（第4項）、食生活が食にかかわる人々の様々な活動に支えられていることについての理解を深め、勤労を重んずる態度を養うこと（第5項）、我が国や各地域の優れた伝統的な食文化についての理解を深めること（第6項）などが追加された（傍線は筆者による）。このように、学校給食は単なる昼食ではなく食育の「生きた教材」となっている[3]。学校給食における地場産物使用の拡大についても、2022年に策定された第4次食育推進基本計画の目標に掲げられている[4]。

2005年の食育基本法制定以降、学校給食は単なる昼食ではなく食育の「生きた教材」と位置付けられたが、学校給食合理化の圧力は依然強く、第7章で述べたように、物価高騰下の委託事業者の倒産リスクも高まっている。しかし、コロナ禍での一斉休校時の昼食の問題、災害時に学校が避難所になった際の調理室の活用などからも、学校給食制度は子どもや地域の食の重要なセーフティーネットであることが再確認できる。

1　高校生への給食

章の冒頭で述べたように、近年、公立中学生の完全給食実施率が向上している一方で、夜間定時制高校生の完全給食実施率が22・1％まで低下している（前掲図表11−1）。プリペイド方式の導入により、まとまった金額を一度に前払いすることの難しさなどから、喫食率が低下し、給食自体を廃止する地域も増えている[5]。千葉県では2018年から夜間定時制高校生の給食が廃止された[6]。定時制高校への進学率は、全世帯では1・9％であるが、生活保護世帯の子どもでは10・9％と高い（図表11−2）[7]。歴史的には、勤労学生の夕食支援として、夜間定時制高校で給食が行われてきた。最近の調査では、「定時制・通信制」の高校生に朝食欠食が多いこともわかっている（図表11-3）。今日においても経済的な問題等を抱える高校生への支援として給食を実施する意義は大きい。

中学校では、調理場を持つ近くの学校で調理して、保温食缶などで運ぶ親子方式で給食を行っている北九州市のような例もある[8]。定時制高校でも小中学校との親子方式や給食センターからの配食も検討できるであろう。少子化を背景として給食施設への投資が抑制される傾向があるが[9]、このように高校や学童保育（放課後児童クラブ）にも給食のニーズがある。児童館や学童保育など既存の施設や制度を活用して、子どもの食への支援を充実することも必要である。埼玉県越谷市では、学童保育に給食センターから配食して夏季給食を実施している。このノウハウを活かして、コロナ対策で休校となり学童保育などへ通う小学生に主食のみであるが提供を行った。

図表 11-2　生活保護世帯と全世帯の中学卒業後の進学先

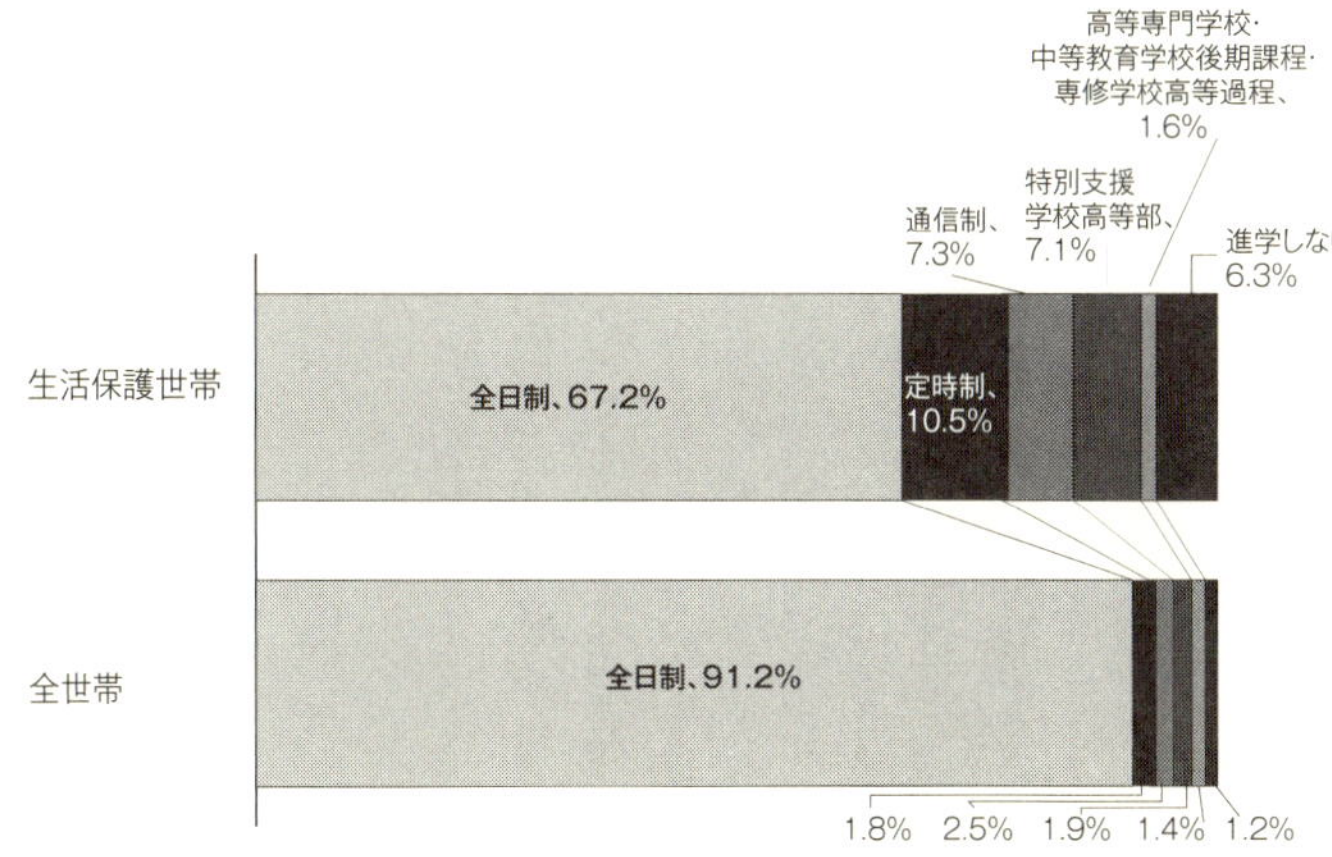

（出所）内閣府「平成30年度子供の貧困の状況と子供の貧困対策の実施状況」。

東日本大震災以降、災害時の炊き出し機能を備えた学校給食センターが作られている。北海道伊達市の給食センターでは、防災機能のほか、一般の人が給食のメニューを食べることができるレストランを併設している[10]。自衛隊や在日米軍の基地のある自治体では、炊き出し機能を備えた給食センターは防災施設として防衛省の補助金の対象となるため、整備が進んでいる[11]。

給食施設を地域で共有できれば、子どもに限らず、ひとり暮らしの高齢者にとっても有効な施設になる。兵庫県明石市では、中学校給食を全校で開始したことをきっかけに、ひとり暮らしの65歳以上の高齢者を対象に、給食センターからの給食を「みんなの給食」として地域のコミュニティセンターで月2回程度提供している[12]。明石市は、2020年4月から中学校の給食無償化も行っている[13]。各地域での工夫が求められている。

朝食の欠食は、男子高校生では1割を超える（図表11-4）。定時制高校生に限らず、高校生全体の給食へのニーズも高い。東京都における調査で、高校生世代は小中学生と比べ、子ども食堂を利用したことがある割合は低く2・7％に過ぎない（図表11-5）。2016年の調査では、「16-17歳」の「子供食堂」、「フードバンクによる食料支援」の利用率は、「困窮層」「周辺層」も含めて、小中学生より低くなっていた。

しかし、ニーズがないわけではなく、「学校における無料の給食サービス」や「（家以外で）家の人がいない時、低額・無料で夕ごはんを他の人と食べることができる場所」という食支援への希望が「困窮層」と「周辺層」で多くなっている（図表11-6）。校内にカフェを設ける動きも広がっている。高校生のニーズを聞いた東京都の調査で、「学校における無料の給食サービス」への希望は、困窮層で

図表11-3　朝食の状況（東京都・高校別）

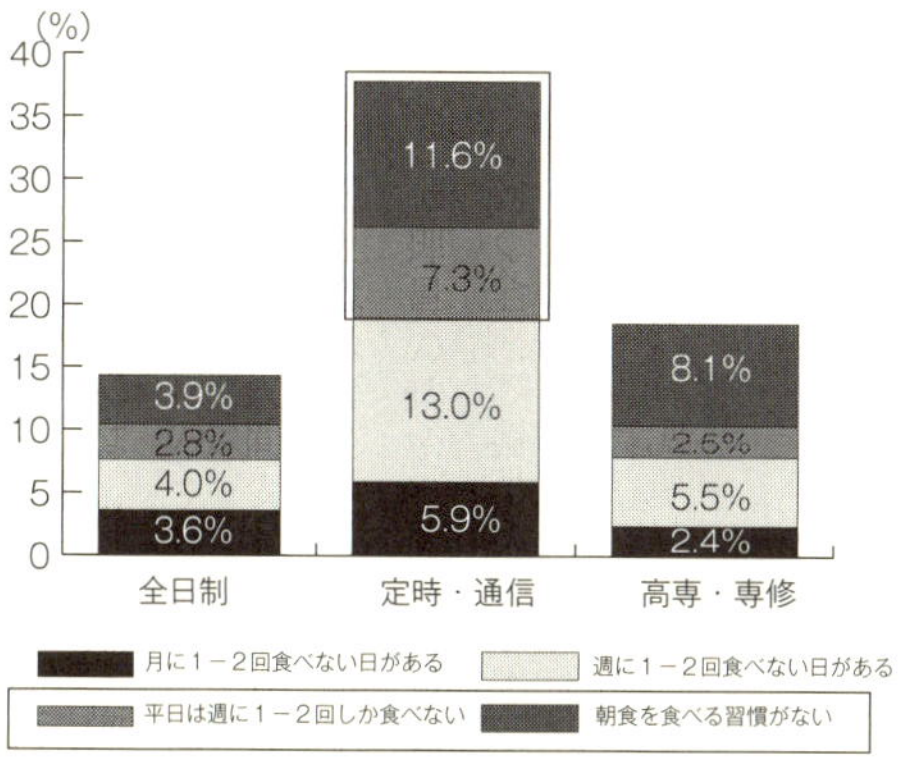

（出所）東京都（2017）「子供の生活実態調査報告書」。

図表11-4　子どもの朝食欠食状況

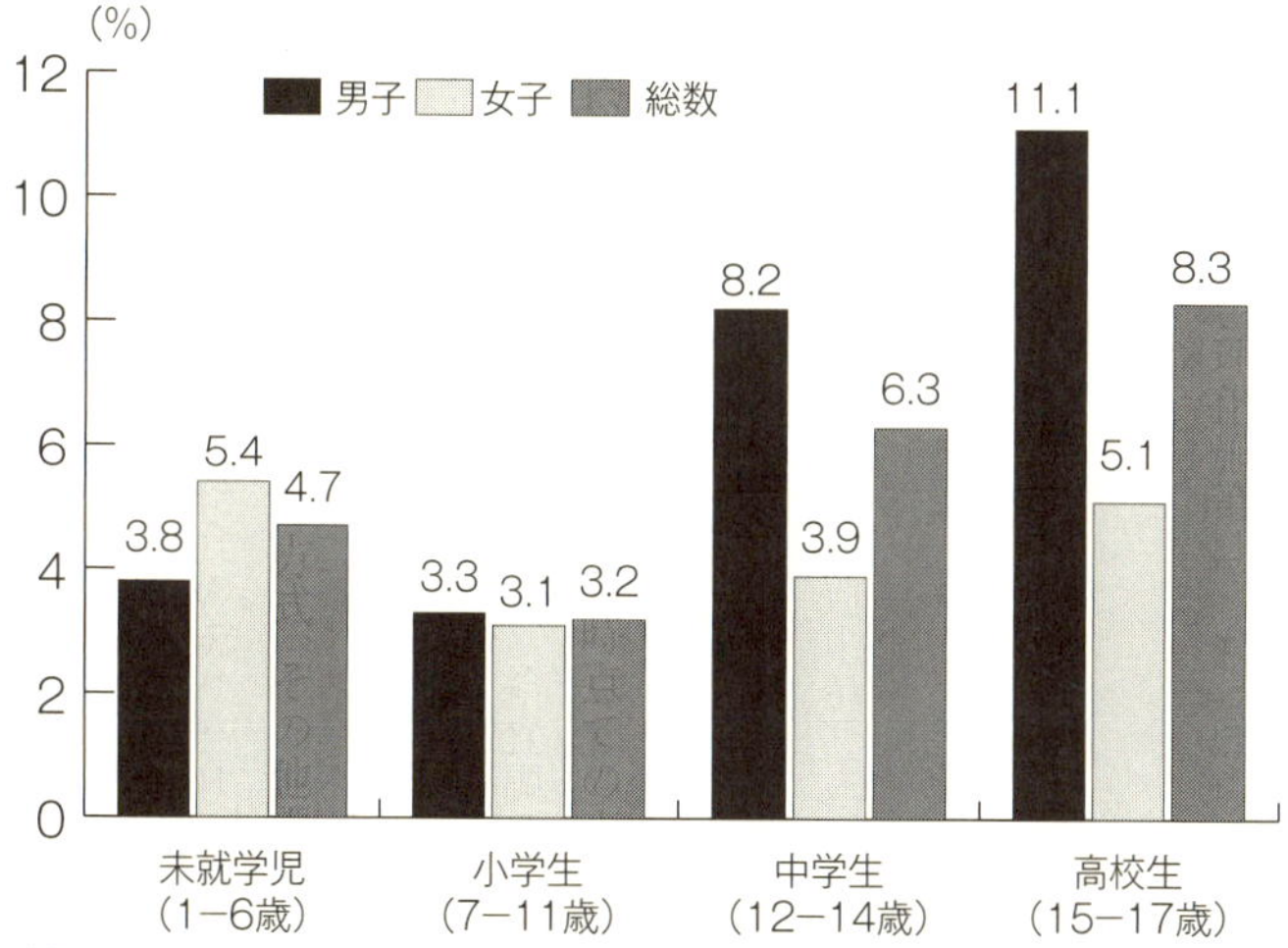

（注）「欠食」は以下３つの場合の合計である。①何も食べない（食事をしなかった場合）②菓子、果物、乳製品、し好飲料などの食品のみ食べた場合 ③錠剤・カプセル・顆粒状のビタミン・ミネラル、栄養ドリンク剤のみの場合

（出所）厚生労働省（2020）「令和元年国民健康・栄養調査」。

82・7％、周辺層で73・6％、一般層でも67・2％であり、困窮層・周辺層の高校生のニーズとして、選択肢の中で最も高かった。2022年度の東京都における調査では、「学校における無料の給食サービス」への希望は、「使ってみたい」「興味がある」を合わせて46・7％ある（令和4年度東京都こどもの生活実態調査報告書）（図表11-7）。実際に、兵庫県や愛知県の中高一貫校や北海道、東北、四国、九州の過疎地にある公立高校に、小中学校の給食センターから配食している例がある[14]。北海道立大樹高校では、「フードデザイン」の授業で高校生が考案した給食メニューを小中学生にも提供する試みも行っている。

また、夏休み中の学童保育（放課後児童クラブ）での昼食についても、従来の保護者任せの弁当持参ではなく、給食センターから配食している例があり、次節で詳しく述べる。

2　夏休みの学童保育室への給食提供——埼玉県越谷市の例

2023年に、こども家庭庁が夏休み等の学校の長期休み中の放課後児童クラブ（学童保育）について調査したところ、昼食を提供しているのは、約2割だった。中には、保護者が手配しているところもあった。こども家庭庁は、昼食提供の好事例として、1)学校給食センターからの提供（茨城県境町）、2)弁当事業者からの発注（奈良県奈良市・東京都港区）、3)認定こども園の調理室を活用、4)学童を運営する法人が一括して調理（沖縄県）、5)こども食堂と連携して月数回程度提供（青森県五所川原市）の事例を公表している。学校給食センターからの提供は、埼玉県越谷市、東京都八王子市、福井

図表 11-5　こども食堂・フードバンクを「利用したことがある」割合（保護者）

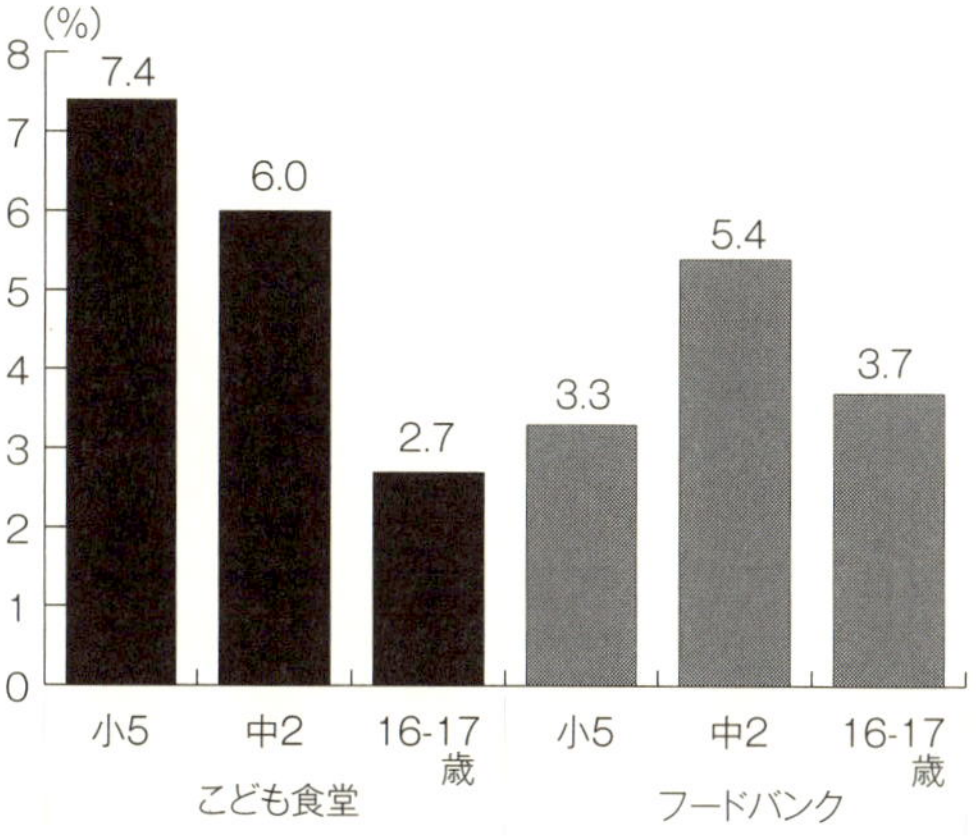

（出所）東京都立大学子ども・若者貧困研究センター（2023）「令和4年度東京都こどもの生活実態調査報告書」

図表 11-6　サービス・場所の利用希望（16～17 歳）

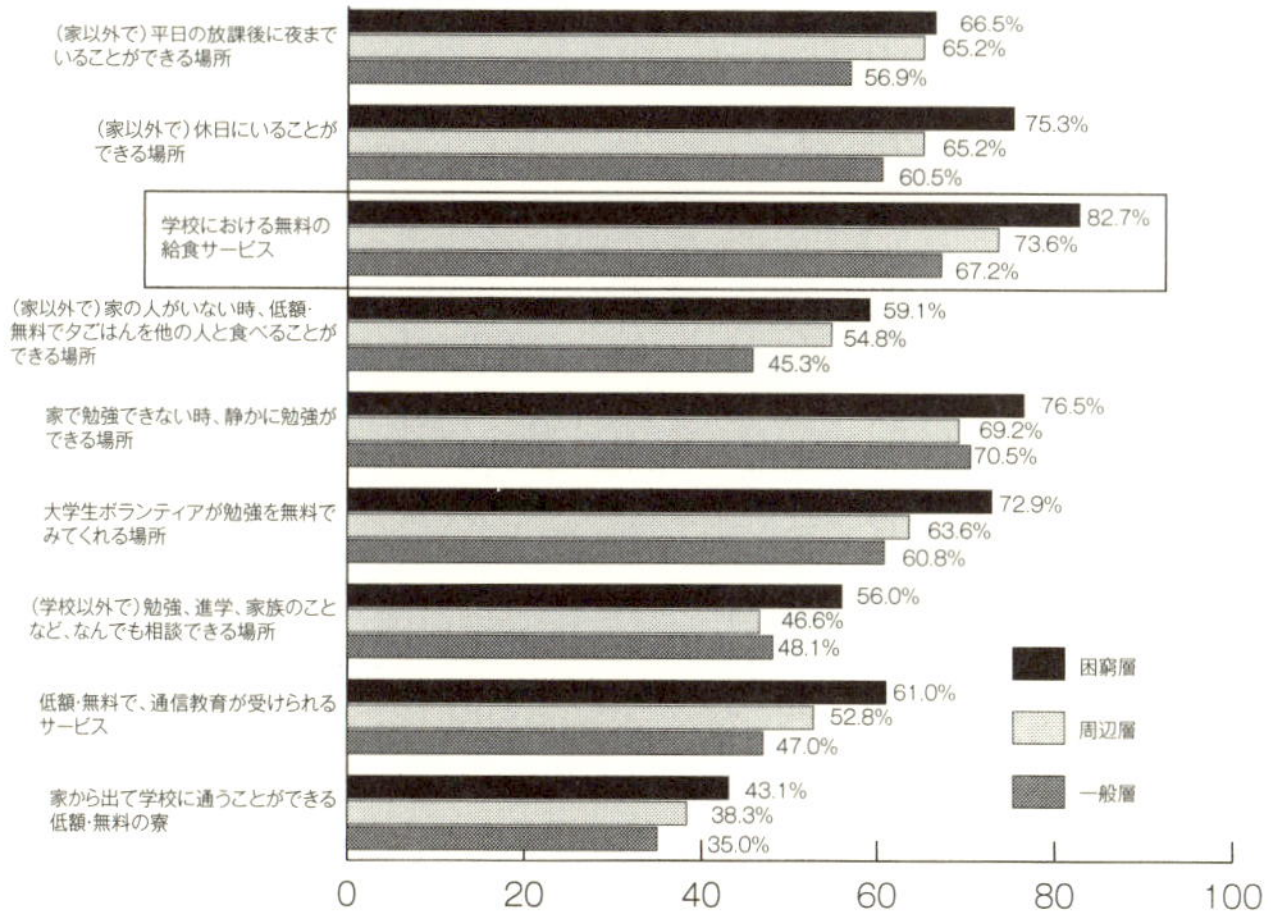

（出所）東京都（2017）「子供の生活実態調査」。

県越前市、島根県益田市、山口県萩市でも行われている[15]。近年、増えている私立の学童保育（放課後児童クラブ）では夏休み中の給食があるところもあるが、公立学童保育における同様の給食は、まだ例が少ない。以下では、埼玉県越谷市で夏休みの学童保育室に給食が提供されることになった経緯について述べたい。

越谷市は、都心から25キロ圏内の埼玉県の東南部に位置し、人口30万人を超えるベッドタウンである。市の直営の３カ所の給食センターから、市内の小中45校に、一日約２万５０００食の完全給食を配食している。２００６年から夏休みの学童保育室の希望者にも給食センターから給食が提供されている。

直営の３カ所の給食センターには、約１３０人の調理員が勤務し、うち約１００人は正規職員である。２００４年頃から、市では行政改革の一環として学校給食の委託民営化が話題に

図表 11-7　高校生の利用意向割合（16 ～ 17 歳）

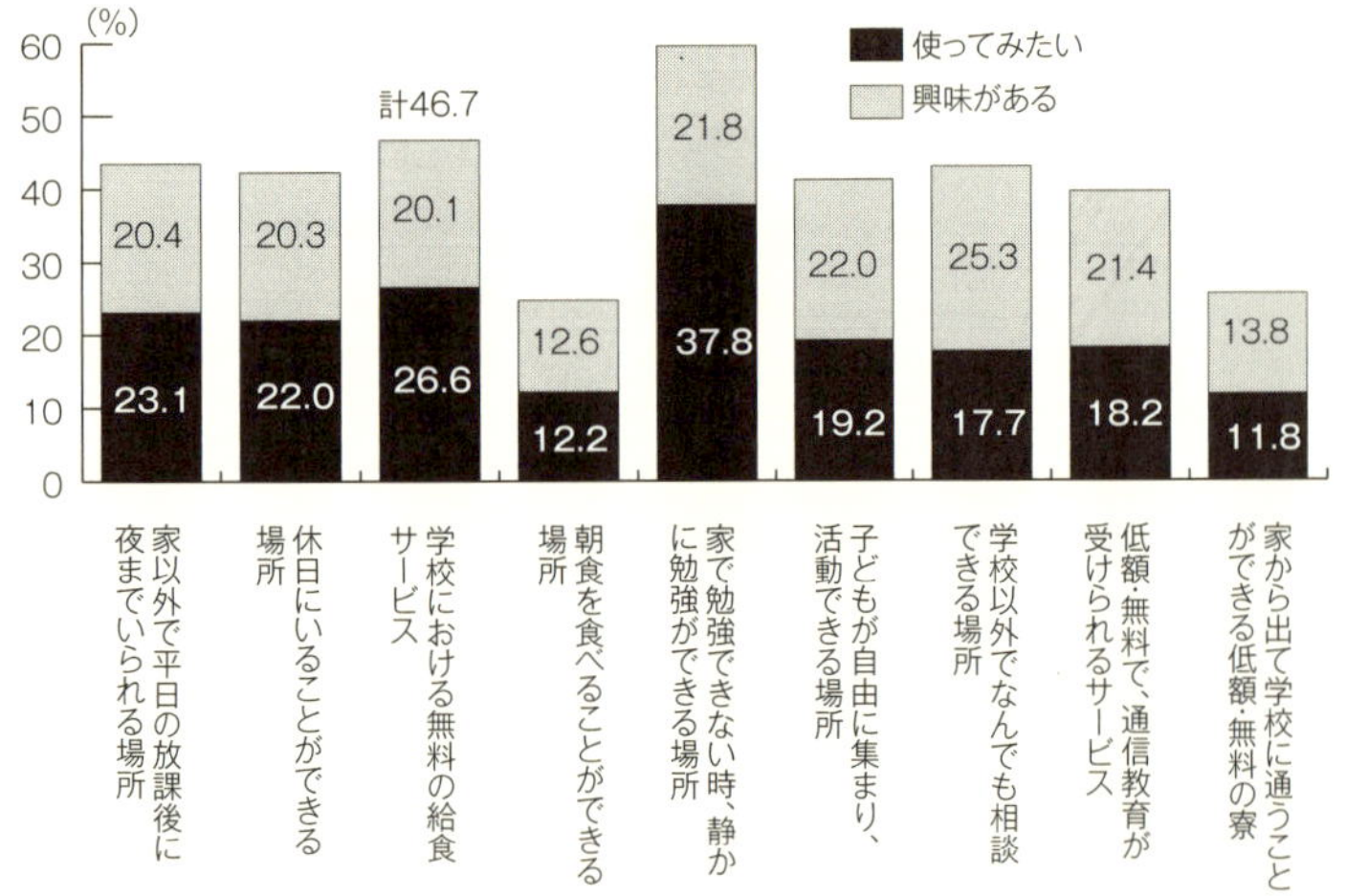

（出所）東京都立大学子ども・若者貧困研究センター（2023）「令和4年度東京都こどもの生活実態調査報告書」。

上ったり、市議会からも学校の休み期間中の給食調理員の業務について質問があったりした。また、同時期に、市民から、当時主食を提供していなかった市立保育所の完全給食実施とともに、夏休みの学童保育室への給食提供の要望があった。暑い夏休み中に持参する家庭弁当による食中毒発生の心配なども給食要望の理由に挙げられた。休み期間中に学童保育室の昼食状況について労使で視察を行った結果、家庭弁当以外の菓子パン・インスタント麺・コンビニ弁当などを持って来る子どもが少なからずおり、給食が必要であるとの認識が共有された。

当初、給食センターが教育委員会の所管であり、学童保育室が児童福祉部の所管であることなどから事業化がスムーズに進まなかった。しかし、市長選の公約に、少子化対策として、夏休みの学童保育室への給食提供と保育所の完全給食実施が掲げられたことから、２００５年に3日間の学童保育室への給食提供の試行とアンケートの実施が行われた。子ども・保護者・学童指導員を対象に行った試行給食のアンケート結果がおおむね好評で、来年も実施してほしいとの意見があり、２００６年から本格的に実施されている。

学童保育室に来る子どもが少なくなるお盆の時期を除いて16日間程度、休み中の機械点検等を行っていない給食センターが順番に調理を担当している。献立を見て、日単位で申込みを行う前払い制で実施されている。一食当たりの保護者の負担額は、食材費相当額で、人件費等は市の負担となっている。学童保育室に通う子どもの約7割が利用し、1日平均2千食を給食センターから市内30カ所の学童保育室に配達している。

【注】

1　本章は、鳫咲子（２０２４）「物価高騰下の学校給食の課題」『跡見学園女子大学マネジメント学部紀要』第38号、30、31、39〜41頁、鳫咲子（２０１８）「埼玉県越谷市における夏休みの学童保育室への給食提供」阿部彩ほか編著『子どもの貧困と食格差』大月書店、１２５〜１２６頁をもとにしている。

2　文部科学省・前掲第8章注2。

3　中央教育審議会（２００８）「子どもの心身の健康を守り、安全・安心を確保するために学校全体としての取組を進めるための方策について（答申）」。

4　国産食材を使用する割合（金額ベース）を２０１９年度から維持・向上した都道府県の割合を90％以上とする。２０２３年度は、66・０％だった。

5　鳫咲子（２０１８）「子どもの食生活格差と学校給食：「子どもの貧困」の観点から」ＤＩＯ：連合総研レポート３３８号４〜９頁。

6　『毎日新聞』（２０１７年12月27日）。

7　内閣府（２０１８）「平成30年度子供の貧困の状況と子供の貧困対策の実施状況」。令和元年度以降はデータなし。

8　鳫・前掲第1章注12、１８５〜２０４頁。

9　三菱ＵＦＪリサーチ&コンサルティング「これからの学校給食センター整備における課題と可能性」〈https://www.murc.jp/library/column/sn_150803/〉（２０２５年2月22日参照）。

10　「だて歴史の杜食育センター」では、災害時には自家発電機と貯水を活用し、１日最大９９００食を３日間被災者に提供できる（『毎日新聞』２０１８年1月13日）。「本日の給食」は１食５００円で提供されている。

11　文部科学省の補助金の補助率（最大1／2）より高い補助率（最大3／4）である『朝日新聞』（2017年9月11日）。

12　『神戸新聞』（2018年9月26日）。明石市ホームページによれば、費用は1回400円、月1、2回の実施されている。

13　『神戸新聞』（2019年9月28日）。

14　関係自治体・高校のホームページ、『毎日新聞』（2016年12月2日）、『北國新聞』（2018年2月16日）などによれば、北海道立新十津川農業高校、大樹高校、弟子屈高校、足寄高校、松前高校、福島商業高校、白糠高校、青森県立三戸高校、岩手県立住田高校、伊保内高校、秋田県立羽後高校、茨城県立大子清流高校、愛媛県立今治西高校伯方分校、石川県立志賀高校、大分県立高田高校などで例がある。高校生への給食実施に言及したものとして、佐藤優・池上和子『格差社会を生き抜く読書』43頁がある。

15　NHK首都圏ナビ（2023）「夏休みの学童保育で昼食提供されるの？東京23区で調べてみた」〈https://www.nhk.or.jp/shutoken/wr/20230721d.html〉（2025年2月22日参照）。萩市では「夏場の食品衛生の不安を解消し、保護者の負担軽減をはかるため」実施している。「児童クラブ給食サービス」〈https://www.city.hagi.lg.jp/soshiki/35/1420.html〉（2025年2月22日参照）。

おわりに

家庭の収入状況や保護者の健康状態が子どもの食習慣に大きな影響を与えている[1]。そのため、困難を抱える家庭や子どもにとって、学校給食は非常に重要である。災害やコロナ禍による子どもの食への影響も大きい。給食費未納は子どもの貧困の重要なシグナルである。未納の問題を、保護者としての責任感や規範意識とだけで片付けてしまうのではなく、不登校や虐待などと同様に貧困の兆候としてとらえるべきである。公立小中学生の7人に1人が、子どもの就学を経済的に支援する就学援助制度を利用している。制度の認知度の低さやスティグマの存在などから、この制度を利用していない家庭も相当数ある。子どもの貧困に対して、給食無償化が果たす役割は大きい。現状の就学援助による個別的な給食費などの支援は、給食無償化により普遍的に全員に実施されることが望ましい。給食費も教育を受けるために必要不可欠な支出である。今後さらに、教育無償化に向けて社会の関心が高まり、財源が確保されることが必要である。

申請主義による個別的支援である就学援助制度が周知不足や制度を利用することへのためらいなどから十分に機能しない今日、給食費未納の子どもが給食を食べられない、肩身の狭い思いをするという事態を避けるためには、無償化は必然といえよう。さらに、給食へのニーズは小中学生だけにとどまらない。まずは高校生への給食実施が検討すべき課題である。韓国の直営調理を基本とする高校までのオーガニック無償給食の実施は、我が国が参考にすべき点が多いと考えられる。

フィンランド憲法第16条では、すべての子どもに無償の基礎教育を受ける権利を保障するとともに、基礎教育以外の教育についても経済状況にかかわらず、その能力および特別なニーズに応じて、自らを発達させるための平等な教育機会を保障している[2]。日本では、義務教育であっても就学援助を必要とするほど学校で学ぶために費用がかかるという現実がある。まずは、保護者の状況にかかわらず、子どもが学納金の未納を心配するという心理的負担を感じることがないよう、給食費の無償化を手はじめに現物給付の拡大による義務教育の無償を実現すべきである。このような普遍的な給付を基本とする社会を実現するには、自分とは境遇の異なる多様な人との出会いを可能とする、子ども時代からのインクルーシブな学びの場を普遍化することも重要なポイントであると考える[3]。

最後に、子どもの貧困に関連する学校給食の問題を解決するための今後の課題として、⑴公に対する信頼、⑵地域における食のセーフティーネット、⑶データの収集と公開について考えたい。

1　公に対する信頼

給食費未納問題のマスコミの取り上げ方やネットなどの貧困バッシングには、家族の連帯責任を重視する考え方と同時に、公に対する不信があり、学校不信、行政不信が底流にある。「未納者が救済されると思うとイヤだ」というような無償化への批判など、親の責任がことさらに強調される状況がある。「未納の親が悪いのに、その子どものためのお金を自分たちの税金で負担するのはイヤだ」という本心がある。しかも、その支援が公的な組織を通して行われると、さらに不信感が重なる。

子どもへの支援は、第11章で述べたように、子ども食堂やフードバンクなどのＮＰＯ活動や草の根の活動だけでは十分ではない。普遍的な支援とするためには、専門的な公務サービスとして制度をつくることが必要であるが、そのための市民の合意形成が難しい状況にある。公的な組織に対する不信感の発生は、誰がその公的な組織の意思決定者であるかということと密接な関係がある。自分たちが意思決定者であるにもかかわらず、国や自治体の組織の実態からは、自分たちが意思決定から排除されていると感じる場面は少なくない。市民は様々な場面で公的な組織を監視しなければならないし、その監視を実効性あるものにする必要がある。

公務サービスには、市民の信頼を得られるような透明性、あるいはニーズや評価に対応する柔軟性が必要である。これは、給食無償化の進展のために必要な条件である。

また、学校での食育をすすめる栄養教諭制度があるが、その配置は、都道府県によってかなりの差がある。人材が給食サービスの質を左右する。第7章で述べた給食調理員はじめ公務労働者全体の非正規化の状況を改善していかなければ、学童保育への給食センターから配食のようなニーズを見極めた対象者へのアウトリーチ、手を差し伸べて支援するというサービスの高度化は実現できない。

2　地域における食のセーフティーネット

給食について、地域住民にとって信頼できる「食」を中心としたネットワークをどう作るかが重要である。給食施設が地域で共有できれば、子どもに限らず、ひとり暮らしの高齢者にとっても有効な施設になる。給食施設の地域開放や「拡大版子ども食堂」として食のセーフティーネットの構築が期待される。給食は、農業との関係が強く、今後とも地域の地産地消の中に組み込まれていくであろう。

食材費高騰の中で、給食費値上げではなく給食無償化を選ぶ自治体が増えている。

調理場を持つ近くの学校で調理して、保温食缶などで運ぶ親子方式で給食を実施している学校もある。定時制高校でも給食廃止の前に小中学校との親子方式や給食センターからの配食も検討すべきである。高校や学童保育（放課後児童クラブ）にも給食のニーズがある。定時制高校だけでなく、全日制高校における給食の実施も検討に値する。実際に、第11章で述べたように、北海道、東北、四国、九州の過疎地には、学校給食センターから公立高校に給食を届けているところがある。隣国韓国では、高校生まで学校給食が実施され、多くの地域で小中学校に続き、２０２１年までに高校の給食も無償化が行われた。日本でも近年、小中学校の給食を無償化した自治体が、無償で高校にも給食を実施する例が北海道、岩手県、大分県の過疎地域を中心に10団体程度確認できる。「子ども食堂」や「子ども宅食」などの支援を受けにくい高校生への食支援は大きな課題である。日本でも高校への無償給食の導入が求められている。小中学校の無償化が過疎地域からはじまったように、高校生給食が全国に広がることを期待したい。

児童館や学童保育（放課後児童クラブ）など既存の施設や制度を活用して、子どもの食への支援を充実することも必要である。埼玉県越谷市では、学童保育に給食センターから配食して夏季給食を実施している[4]。各地域での工夫が求められている。

3　データの収集と公開

子どもの貧困対策において国がまず行うべきことは、データの収集と公開である。給食実施は市町村の判断に任されているが、市町村毎の給食実施の全国的なデータの収集と公開が継続的に行われていない。神奈川県は市区町村のデータをホームページに掲載しており、県のホームページを見れば、県下の市町村の毎年の給食実施状況がわかる。沖縄県は、市町村への給食費支援に先立って、県内小中学生全世帯を対象とした「学校給食実態調査」を実施した。このように国や県が市区町村のデータを収集し、公表することが必要である。

さらに、定時制高校に関するデータが少ないことも問題である。例えば、学校に通うためにかかる費用など「子供の学習費」に関する文部科学省のデータは、高校については「全日制」のみである。子供の貧困対策大綱では、生活保護家庭やひとり親家庭の状況が多くの指標となっていた。定時制や通信制で学ぶ経済的な困難を抱える家庭の高校生も子どもの貧困対策のターゲットであるが、指標として位置付けられていない。例えば、定時制・通信制高校の中退率を引き下げることは、子どもの貧困対策に必要な目標である。

就学援助率のデータも、精度が低く、公表も遅れている。自治体で就学援助を扱っている職員の人数が少ないこともデータを精査することができない原因となっている。子どもの貧困対策に関する基礎的データとして、生活保護を受けている子どもの情報、就学援助を受けている子どもの情報が関係者間で共有されていない状況にある。それが生活保護や就学援助の制度が、給食費の未納状況など子どもの実態にあった形で整備されないことの原因にもなる。

例えば、経済的な理由で修学旅行に参加できない子どもはかなりいて[5]、修学旅行費の未納問題もある。さらに修学旅行費と、給食費が同時に未納の場合もあり、修学旅行に行きたくても、「給食費を払ってから」と言われることもある。修学旅行に行けないことで、不登校になることもあるだろう。納税者の理解を得るためにも、国や自治体は子どもの貧困に関するデータを継続して収集し、実態を明らかにすることが必要である。

第2章で紹介した、2021年に行われた「子供の生活状況調査の分析報告書」は、コロナ禍における「子どもの貧困」の実態を初めて国が全国的に把握しようとするものであった。こども家庭庁は、物価高騰下の「子どもの貧困」の実態を全国的に把握するための調査を一刻も早く行うべきである。

2025年2月25日、2025年度予算案衆議院通過の際の自民・公明・維新の3党合意により、まず小学校の給食無償化を2026年度に実現し、できる限り速やかに中学校へも拡大することになった。今後、具体的な制度設計がまとめられ、「経済財政運営と改革の基本方針（骨太の方針）」へ反映される。ようやく国による無償化の第一歩が踏み出された。

この本ができ上がるまでに、多くの方々から貴重なご助力をいただいた。本書の出版は跡見学園女子大学学術図書出版助成を受けている。原稿を丁寧に読んでくださった稲毛文恵さん、明石書店編集部の神野斉さん、編集者の清水聰さんに、この機会に心よりお礼申し上げます。

２０２５年３月

鳫　咲子

【注】

１　本項の記述は、鳫咲子（２０１８）「学校給食と子どもの貧困」阿部彩ほか編著『子どもの貧困と食格差』大月書店、１１３〜１１７頁を踏まえている。

２　国立国会図書館（２０１５）「各国憲法集（９）フィンランド憲法」。

３　鳫咲子（２０１９）「学校給食費の無償化とインクルーシブな学びの場の構築」連合総研『弱者を生まない社会へ』17〜34頁。

４　『埼玉新聞』（２００６年８月10日）。

５　埼玉県西部地区学校事務研究会（２０１６）「アンケート結果」によれば、過去１年に埼玉県西部地区で経済的な理由で修学旅行に行かない児童生徒が少なくとも８名以上いた。

参考文献

青木栄一編（2015）『復旧・復興へ向かう地域と学校』東洋経済新報社
大蔵誠（2024）「学校給食無償化と高校での実施、鳫咲子教授に聞く。」『議会制民主主義研究』第1号、132～137頁
大阪市中学校給食検討会議（2008）「食生活等に関するアンケート調査」
大阪市（2020）「学校給食費の無償化について」
沖縄県（2024）「学校給食実態調査 調査報告書」
鳫咲子（2024）「学校給食の意義と無償化の課題」『学校事務』第75巻第8号、22～27頁
鳫咲子（2024）「物価高騰下の学校給食の課題」『跡見学園女子大学マネジメント学部紀要』第38号、29～41頁
鳫咲子（2024）「子どもの貧困と学校給食―意義と課題―」『農村と都市をむすぶ』864号、44～51頁
鳫咲子（2023）「広がるアウトリーチ型食支援」『男も女も』No.141、30～35頁
鳫咲子（2022）「教育無償化に向けて―韓国の新環境給食の無償化を踏まえて―」『跡見学園女子大学マネジメント学部紀要』第34号、25～37頁
鳫咲子（2021）「給食費無償化を考える―コロナ禍の就学援助と学校給食の役割―」『跡見学園女

子大学マネジメント学部紀要』第32号、19～30頁
鳫咲子（２０２１）「安倍政権下の子ども政策」『跡見学園女子大学マネジメント学部紀要』第31号、19～32頁
鳫咲子（２０２０）「子どもの食のセーフティネットとしての中学校給食の構築―２０１１・１９年神戸市中学校給食アンケート調査を踏まえて―」『跡見学園女子大学マネジメント学部紀要』第30号、19～36頁
鳫咲子（２０１９）「就学援助制度の限界から考える学校給食費無償化」『跡見学園女子大学マネジメント学部紀要』第27号、31～49頁
鳫咲子（２０１８）「学校給食と子どもの貧困」阿部彩・村山伸子・可知悠子・鳫咲子編著『子どもの貧困と食格差』大月書店
鳫咲子（２０１６）『給食費未納　子どもの貧困と食生活格差』光文社新書
鳫咲子（２０１３）『子どもの貧困と教育機会の不平等―就学援助・学校給食・母子家庭をめぐって―』明石書店
北九州市食育推進会議（２００８）「食育及び中学校給食に関する意識調査結果」
厚生労働省（２０２２）「国民生活基礎調査」
神戸市（２０２４）「【アンケート結果】中学校給食（ランチボックス）」
神戸市（２０１９）「中学校給食に関するアンケート結果報告書」
神戸市（２０１１）「中学生の食生活と昼食に関するアンケート」

■参考文献■

静岡県（2019）「子どもの生活アンケート調査報告書」
柴田悠（2016）『子育て支援が日本を救う』勁草書房
志水宏吉（2014）『「つながり」格差が学力格差を生む』亜紀書房
しんぐるまざあず・ふぉーらむ（2020）「新型コロナの影響―アンケートデータ結果―」
セーブ・ザ・チルドレン・ジャパン（2020）「ひとり親家庭応援ボックス申込結果」
総務庁（1984）『学校給食及び学校安全の現状と問題点』大蔵省印刷局
竹信三恵子編（2020）『官製ワーキングプアの女性たち』岩波書店
東京都（2017）「子供の生活実態調査」
内閣府（2021）「子供の生活状況調査」
内閣府（2003）「ソーシャル・キャピタル―豊かな人間関係と市民活動の好循環を求めて―」
「なくそう！　子どもの貧困」全国ネットワーク（2020）「『一斉休校時の子どもの昼ごはんを市区町村（地域）で守ろう！』緊急要望書」
日本総合研究所（2008）「日本のソーシャル・キャピタルと政策」
日本弁護士会連合会第53回人権擁護大会シンポジウム第1分科会実行委員会編（2011）『日弁連子どもの貧困レポート―弁護士が歩いて書いた報告書』明石書店
農林水産省（2020）「報道発表資料『食べて応援学校給食キャンペーン』特設通販サイトの設置について」
萩原弘道ほか（1987）『実践講座学校給食第1巻歴史と現状』名著編纂会

林勇記（1945）『学校給食の新研究』有朋堂
文部科学省（2025）「令和6年度就学援助実施状況等調査結果」
文部科学省（2024）「令和5年度学校給食実施状況調査」
文部科学省（2024）「子供の学習費調査」
文部科学省（2020）「学校の臨時休業の実施状況、取組事例等について【令和2年3月19日時点】」
文部科学省（2018）「平成28年度学校給食費の徴収状況に関する調査」
文部科学省（2018）「平成29年度の『学校給食費の無償化等の実施状況』及び『完全給食の実施状況の調査結果について」
文部省・日本学校給食会（1976）『学校給食の発展』第一法規
横浜市（2020）「横浜市の中学校昼食に関する懇談会の開催結果等について」
横浜市（2015）「実態把握のための調査実施結果報告書（平成27年度）」
横浜市教育委員会（2020）「令和3年度以降の中学校給食の方向性」

た行

は行

まやら行

索　引

あ行

か行

さ行

著者紹介

鳫　咲子（がん さきこ）

千葉県生まれ。跡見学園女子大学マネジメント学部教授（行政学）。博士（法学）。参議院事務局に調査員等として二七年間勤務。子どもの貧困・ＤＶ等に関する調査研究を行う。主な著作に『子どもの貧困と教育機会の不平等―就学援助・学校給食・母子家庭をめぐって―』（明石書店）、『給食費未納―子どもの貧困と食生活格差―』（光文社）等。

給食無償化
子どもの食格差とセーフティーネットの構築

2025年 4 月25日　初版第１刷発行

著　者　鳫　咲　子
発行者　大　江　道　雅
発行所　株式会社　明石書店

〒101-0021　東京都千代田区外神田 6-9-5
電　話　03（5818）1171
ＦＡＸ　03（5818）1174
振　替　00100-7-24505
https://www.akashi.co.jp/
装丁　金子　裕
印刷／製本　モリモト印刷株式会社

（定価はカバーに表示してあります）　ISBN978-4-7503-5919-9

子どもの貧困と教育機会の不平等

就学援助・学校給食・母子家庭をめぐって

鳫咲子［著］

◎四六判／並製／252頁　◎1,800円

世界的にみても深刻な日本の現状を踏まえ、「子どもの貧困対策法」が成立して対策が進められている。本書では給食費未納問題、就学援助の現状など、主に教育費用と貧困問題について多角的に検証し、子どもの貧困削減のための政策を考える。

《内容構成》

〈価格は本体価格です〉